*blue notes*
99

Gertrude Jekyll, Vita Sackville-West und Constance Spry – drei ambitionierte britische Gartenkünstlerinnen, die einen originellen und unverwechselbaren Stil entwickelten, um die Gartenkultur in eine neue Epoche zu führen. Die Grande Dame der Gartenkunst Gertrude Jekyll, eine Institution in Fragen der Gartengestaltung im 20. Jahrhundert, entwarf gemeinsam mit dem Architekten Edwin Lutyens perfekte Ensembles aus Haus und Garten, ihr Einfluss wirkt bis heute fort. Die Schriftstellerin Vita Sackville-West schuf zusammen mit ihrem Mann den weltberühmten Sissinghurst Castle Garden in Kent, der als Englands schönster romantischer Landhausgarten gilt. Und die Doyenne der Blumen Constance Spry revolutionierte die moderne Floristik, führte Dekorationsgeschäfte in London und New York und gestaltete zahlreiche florale Arrangements, u.a. für die Hochzeit und Krönung von Königin Elizabeth II. So fantasievoll und kreativ wie das Werk dieser drei außergewöhnlichen Frauen war auch ihr Leben – selbstbestimmt und unkonventionell wagten sie den Aufbruch in die Moderne.

Editha Weber studierte Geschichte, Evangelische Theologie und Kulturgeschichte in Deutschland und Großbritannien. Sie wurde mit einer Arbeit über Englandreisen promoviert, arbeitete in der wissenschaftlichen Forschung und schrieb Bücher und Aufsätze zu verschiedenen kulturgeschichtlichen Themen. Inzwischen lebt sie in der Steiermark und ist als Kulturvermittlerin tätig.

Editha Weber

# *Gartenkünstlerinnen*

## *Gertrude Jekyll, Vita Sackville-West und Constance Spry*

ebersbach & simon

*Für Maria*

# *Inhalt*

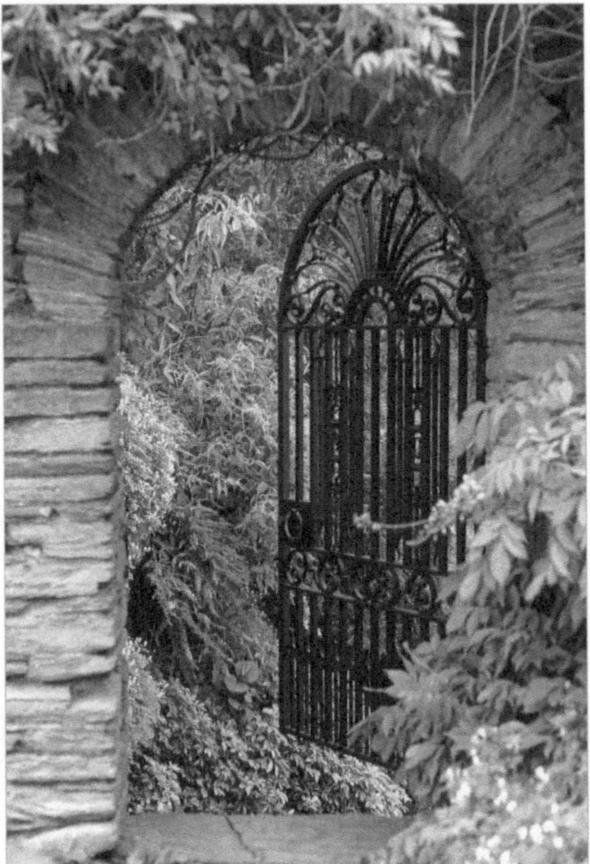

*Hestercombe Gardens, Somerset, gestaltet von Gertrude Jekyll und Edwin Lutyens*

# *Prolog*

*»Öffnen Sie Ihren Geist für jede Form von Schönheit.«*

Constance Spry

Wer Gärten liebt, wird früher oder später vom Sissinghurst Castle Garden in Kent hören, der als Englands schönster romantischer Landhausgarten gilt. Die gartenbegeisterte Schriftstellerin Vita Sackville-West hat ihn zusammen mit ihrem Mann erdacht und erschaffen – und der Garten hatte das Glück, bewahrt und gepflegt zu werden. Inzwischen ist er weltberühmt und begeistert jährlich Tausende von Menschen. Viele durchstreifen die abwechslungsreichen Gartenzimmer, lassen sich inspirieren und bewundern den berühmten Weißen Garten. Diese gartenkünstlerische Finesse verbindet Sissinghurst und seine Schöpferin Vita Sackville-West mit Gertrude Jekyll, die seit dem späten 19. Jahrhundert Englands Gärten durch ihre malerischen Pflanzenkompositionen verwandelte.

Gertrude Jekyll hatte Kunst studiert und bewunderte die Gemälde William M. Turners. Wie Turner auf Leinwand mit Licht und Farben wollte sie in der Erde mit Pflanzen malen. Sie war erfolgreich und entwickelte sich zu Beginn des 20. Jahrhunderts zu einer Institution in Fragen der Gartengestaltung, einer »Königin der Blumenrabatten«. In Arbeitsgemeinschaft mit dem Architekten Edwin Lutyens erschuf sie für wohlhabende Auftraggeber Ensembles aus Haus und Garten, die eine Einheit aus Kunst und Natur bildeten.

»A Lutyens house with a Jekyll garden« – das wurde um 1900 rasch zu einem Must-have der gartenbegeisterten Briten. Durch ihre feinfühlige, künstlerische Auffassung von Schönheit im Garten veränderte Gertrude Jekyll das Gesicht Englands wie einst der Landschaftsgestalter Capability Brown. Wenn eine von Brown geformte Landschaft die Eleganz des 18. Jahrhunderts spiegelt, verkörpern Gertrude Jekylls Farbsinfonien die Gartenlust am Beginn der Moderne. Mehr noch, ihr Einfluss auf die Gartenkultur wirkt bis in unsere Tage. David Austin ehrte die »Grande Dame«, wie ihr Neffe und erster Biograf Francis Jekyll sie nannte, indem er 1986 eine seiner Rosen nach ihr benannte.

Jener britische Züchter erschuf mit seinen Englischen Rosen einen neuen Rosentypus, wobei er den Zauber alter mit der Krankheitsresistenz moderner Sorten kombinierte. Seine erste Schöpfung von 1961 trägt den Namen ›Constance Spry‹. Sie blüht zartrosa mit kugeligen Blüten, hat einen erlesenen Duft und kann sich elegant kletternd an Gittern hinaufranken. David Austin ehrte mit der Namenswahl in diesem Fall eine im Jahr zuvor verstorbene Frau, die seine Leidenschaft für Alte Rosen geteilt hatte und zugleich eine vielseitig begabte Persönlichkeit gewesen war.

Ihre Zeitgenossen bewunderten Constance Spry als prominente Blumendekorateurin, hatte sie doch die floralen Arrangements für zahlreiche royale Festlichkeiten gestaltet, wie etwa für die Hochzeit und Krönung von

Elizabeth II. Der Lebensweg von Constance Spry allerdings, die sich zu einer Zeit aus einer unglücklichen Ehe befreit hatte, als Scheidungen ein Makel waren, verlief alles andere als geradlinig – bis hin zu ihrem tragischen Unfalltod.

Diese drei ambitionierten Engländerinnen haben einen originellen und unverwechselbaren Stil in der Gartengestaltung und im Umgang mit Pflanzen entwickelt, der mit dazu beitrug, die Gartenkultur in eine neue Epoche zu führen. So fantasiereich und kreativ wie ihr Werk war das Dasein dieser Frauen, die selbstbestimmt, unkonventionell und manchmal gewagt den Aufbruch in die Moderne lebten.

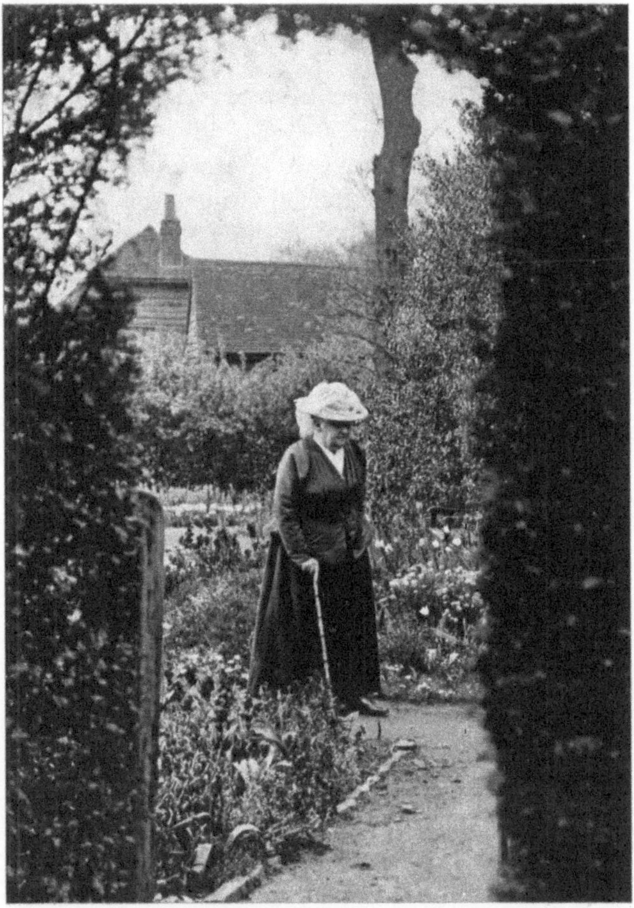

*»Die Erde zu bepflanzen bedeutet, eine Landschaft mit lebenden Dingen zu malen.«*
*Gertrude Jekyll*

## *Mit den Augen einer Malerin*
## *Gertrude Jekyll (1843–1932)*

### *Die Grande Dame der Gartenkunst*

»Artist – Gardener – Craftswoman« steht auf dem Grabstein der am 8. Dezember 1932, knapp zwei Wochen nach ihrem 89. Geburtstag, verstorbenen Gertrude Jekyll. Sie war friedlich in ihrem Haus in Munstead Wood, Grafschaft Surrey, eingeschlafen. Wenige Tage später fand ihre Beisetzung auf dem Friedhof von St. John the Baptist in Busbridge statt, unweit ihres Wohnortes gelegen.

Alles ringsumher passte zusammen in diesem Moment des Abschieds: Die kleine Kirche war in den 1860er-Jahren nach Entwürfen des angesehenen Architekten Gilbert Scott errichtet worden, führender Vertreter der Neogotik und durch Kirchen und Kathedralen ebenso wie durch das Albert Memorial und das Midland Grand Hotel in London berühmt geworden. Umbauten aus den Jahren 1895 bis 1910 veränderten das Innere der Kirche im Stil der spätviktorianischen Arts-and-Crafts-Bewegung mit farbigen Glasfenstern nach Entwürfen von Edward Burne-Jones und einem Kanzelgitter nach Entwürfen von Edwin Lutyens (1869–1944). Lutyens hatte auch das 1922 eingeweihte Kriegsmahnmal entworfen, das sich auf dem Friedhof befand. Nun würde er für seine geschätzte Freundin ein Grabmal gestalten, das mit jenen ausdrucksstarken Worten an sie erinnern sollte: Künstlerin, Gärtnerin, Handwerkerin.

Unter den Trauernden war an diesem Dezembertag auch ein alter Weggefährte, der weit über neunzigjährige William Robinson (1838–1935). Zwei Tage zuvor war über Gertrude Jekyll in *The Times* zu lesen gewesen: »Sie war eine große Gärtnerin, die, wenn überhaupt, nur von ihrem Freund William Robinson von Gravetye übertroffen wurde. Diesen beiden, mehr als allen anderen, verdanken wir nicht nur die vollständige Umwandlung der englischen Gartenbaumethode und -gestaltung, sondern auch jene weite Verbreitung von Wissen und Geschmack, die uns nahezu zu einer Nation von Gärtnern gemacht hat.«

Wie Robinson die Gartenkultur verändert hat, wirkt heute auf den ersten Blick fast selbstverständlich. Bewundert man zur Frühlingszeit in einem Londoner Park die opulente Fülle der blühenden Narzissen, erscheint diese Gestaltungsweise als *very british.* Manchmal durchziehen die Frühblüher wie goldfarbene Bänder die Rasenflächen. Auch die Gestaltungsidee, Schneeglöckchen, Krokusse oder Schachbrettblumen unter Obstbäumen verwildern zu lassen, mutet annähernd natürlich an. Dabei war es erst William Robinson, ein junger Gärtner aus Irland, der die englische Gartenkultur mit ihren einst exotischen Blumenbouquets und Teppichbeeten revolutionierte. Robinson wurde zu einem Pionier der naturnahen Gartengestaltung und präsentierte einem erstaunten Publikum 1870 mit dem Buch *The Wild Garden* seine Ideen, wie man aus heimischen Pflanzen und in England eingeführten winterharten Stauden zauberhafte Gärten erschaffen könne. Im darauffolgenden Jahr gründete er das Magazin *The Garden*, das rasch zur meistgelesenen britischen Gartenzeitschrift wurde und als dessen Herausgeberin Gertrude Jekyll ihm nachfolgte.

Nach seinem Tod geriet William Robinson allmählich in Vergessenheit, während Gertrude Jekylls Einfluss unter den britischen Gärtnern nicht so schnell verblasste. Ihre Bücher wurden nach wie vor gelesen, erzielten antiquarisch hohe Preise, bis sie neu aufgelegt wurden, und ihre harmonischen Kompositionen inspirierten Vita Sackville-West in Sissinghurst ebenso wie Lawrence Johnston in Hidcote Manor, Grafschaft Gloucestershire, und die junge Constance Spry.

Fünfzig Jahre nach dem Tod von Gertrude Jekyll setzte eine kleine Renaissance ein. Die erneute Würdigung ihrer Person und ihrer Werke drückte sich etwa darin aus, dass, obwohl die Mehrzahl ihrer Gärten längst überformt war, einige rekonstruiert wurden – meist nicht so originalgetreu wie im Falle der Hestercombe Gardens in der Grafschaft Somerset, doch mit zunehmender Begeisterung, wie im Falle von Manor House Garden in Upton Grey, Grafschaft Hampshire, oder Le Parc du Bois des Moutiers in der Normandie. Auch der Garten des Lindisfarne Castle, Northumberland, wurde Anfang der 2000er-Jahre nach den Pflanzplänen von 1911 rekonstruiert. Ein Garten ist eben ein wandelbares Kunstwerk, das von der Natur ebenso verändert wird wie von den jeweiligen Eigentümern. Jekylls Garten in Munstead Wood dokumentiert das mit seiner Teilung, dem Vergessenwerden und Wiederentstehen auf anschauliche Art. Trotz all seiner Verwandlungen hat er etwas von der Meisterschaft seiner einstigen Schöpferin bewahrt und ist das Ziel begeisterter Verehrer.

Da Gertrude Jekyll in zahlreichen Büchern und über eintausend Artikeln ihre Ideen festgehalten hat, die sie mit eigenen Fotografien ihrer Kompositionen illustrierte, finden viele darin bis in die Gegenwart Anregungen. »Pflanzen waren Gertrude Jekylls Farbe, die Erde ihre Leinwand und die Natur ihre Inspiration«, wie der Autor Martin Wood treffend formuliert, und die charakteristischen Farbkombinationen aus Grau und Violett, Rosa und Silber beeinflussen auch die moderne Gartengestaltung effektvoll. Zeitlos schmücken ihre Kompositionen aus Wollziest und Lavendel, aus Scheinsalbei und Katzenminze auch manchen heutigen Garten – vielleicht ohne dass deren Besitzer je etwas von Gertrude Jekyll gehört haben. Denn viele der von ihr bevorzugten Pflanzen sind leicht zu kultivieren, wie die violett blühende Katzenminze, die als Rosenbegleiterin in öffentlichen Anlagen geschätzt wird, oder der anspruchslose Wollziest, dessen lilafarbige Blüten aus dem silberscheinenden Meer seiner üppigen, samtweichen Blätter herausragen. Sie bedürfen relativ wenig Pflege und bereiten Gärtnern kaum Sorgen, wie es manche empfindliche Neuzüchtungen tun. Zu Jekylls Lieblingspflanzen zählten auch die unkomplizierten breitblättrigen Bergenien, die ihr Grab schmücken.

Zunehmend wuchs außerdem das Interesse an der Persönlichkeit Jekylls, die als erfolgreiche Unternehmerin und anerkannte Fachfrau im Gegensatz zu vielen ihrer Zeitgenossinnen in der Epoche der späten Viktorianer ein selbstbestimmtes Leben führte. Ihre Schwägerin Dame Agnes Jekyll, selbst Künstlerin und Autorin, bemerkt anerkennend: »Lange bevor Frauen ihre gegenwärtige Unabhängigkeit in den Künsten und im Beruf, im Handel, im Reisen, im Sport und in vielen mühevollen Handwerken beanspruchten, hatte sie gelassen und bestimmt ihr Recht auf Selbstentfaltung etabliert.«

## *Natur und Kunst*

Geboren wurde Gertrude Jekyll 1843 in London, doch ihre Kindheit verbrachte sie im ländlichen Surrey, da ihre Eltern Edward und Julia Jekyll wenige Jahre nach ihrer Geburt die hektische Hauptstadt verlassen hatten, um Gertrude zusammen mit ihren Geschwistern in einer behüteten ländlichen Idylle aufzuziehen. Die südöstlich von London gelegene Grafschaft war ein beliebtes Refugium für das viktorianische Großbürgertum. Die wohlsituierten Eltern entstammten Familien erfolgreicher Rechtsanwälte, Kirchenmänner, Offiziere, Verwaltungsbeamter und Kaufleute. Die häusliche Atmosphäre war von einer großen Leidenschaft für Kunst und Musik, Literatur und Kunsthandwerk geprägt. Gertrudes jüngerer Bruder Walter etwa war mit dem Schriftsteller Robert Louis Stevenson befreundet, der den Familiennamen später in seiner Novelle *Der seltsame Fall des Dr. Jekyll und Mr. Hyde* (1886) verwendete.

Gertrude Jekyll liebte die Natur von früher Kindheit an und schilderte später oft, als wie berührend sie den Anblick von blühenden Primeln in den Wäldern Surreys, von Bachläufen und malerischen Teichen empfunden hatte. Während ihre Brüder zur Schule gingen, »musste ich mir meine eigenen Vergnügungen suchen«, wie sie berichtet. »Da waren ein liebes altes Pony namens Toby und der Hund Crim, und wir drei gingen in die Wälder und in die Heide und all die kleinen Pfade und Nebenwege unseres schönen Landes entlang.« Auf ihren Streifzügen lernte sie die Landschaft und das Leben in den Cottages und Werkstätten des Dorfes kennen. Sie betrachtete die zarten Blüten und Blätter der Pflanzen genau, und da sie im Malen und Zeichnen unterrichtet wurde, gingen diese Betrachtungen wie selbstverständlich in eine künstlerische Gestaltung über. Sie genoss den Duft der Pflanzen, lauschte auf ihre Bewegungen im Windhauch, die sie durch die Jahreszeiten hindurch zu unterscheiden lernte. Der Klang der Blätter verriet ihr, neben welchem Baum sie stand.

Ihr Vater nannte sie einen Wildfang, sie selbst resümierte rückblickend, sie sei »immer stark und aktiv« gewesen und »in meinen Ideen und Aktivitäten eher ein Junge als ein Mädchen«, was daran gelegen habe, »dass ich in der Familie in der Mitte von vier Jungen stand, zwei älteren und zwei jüngeren Brüdern. […] ich kletterte gerne auf Bäume, spielte Kricket, nahm nach Einbruch der Dunkelheit Wespennester aus, tat schreckliche Dinge mit Schießpulver und all diese Dinge, die Jungen so tun.« So schuf sie sich Freiheiten und Möglichkeiten, die den meisten viktorianischen Mädchen und Frauen verwehrt blieben.

Bald war sich die Heranwachsende sicher, sie wollte Malerin werden. Sie begann eine zweijährige Ausbildung an der South Kensington School of Art, London, wo erst seit kurzer Zeit Frauen zum Kunststudium zugelassen waren. Eifrig besuchte die junge Frau Ausstellungen und Galerien und begeisterte sich für die Landschaftsgemälde William M. Turners. Obwohl unter seinen Zeitgenossen nicht unumstritten, galt Turner wegen seiner Darstellung von Licht und Schatten und seiner Auseinandersetzung mit dem Ausdruck der Farben als erfolgreicher Künstler mit einem eigenen Stil und beeinflusste unter anderem die Impressionisten.

Kurz nach dem Abschluss ihrer Ausbildung besuchte Gertrude Jekyll im Herbst 1863 in Griechenland die Stätten des klassischen Altertums; so war sie in Athen, auf Kreta, Korfu, Rhodos sowie in Konstantinopel. Diese Reise hinterließ einen bleibenden Eindruck und schärfte ihren Blick für die Kunst der Architektur, wie sich Jahre später zeigen sollte. Sie war außerdem bezaubert von der Natur und den farbenfrohen Wildpflanzen, die zwischen Steinen und Meer wuchsen.

Nach der Rückkehr aus Griechenland bewegte sie sich auf Ausstellungen, bei Musikabenden und in Gesellschaften in den Londoner Künstlerkreisen und lernte John Ruskin und William Morris kennen. Beide analysierten kritisch die zeitgenössischen Entwicklungen der Industrialisierung und entwarfen philosophisch-künstlerische Gegenentwürfe, in denen sie durch eine Rückbesinnung auf das Handwerk, traditionelle Techniken, natürliche Materialien und die Natur selbst eine Verbesserung der Lebens- und Arbeitsbedingungen anstrebten. Natur und Kunst sollten in verbindender Form neue Lebensperspektiven aufzeigen. Zusammen mit weiteren Künstlern und Intellektuellen wurden der Philosoph, Schriftsteller und Kunstkritiker John Ruskin und der vielseitig begabte Künstler und Unternehmer William Morris zu führenden Vertretern der Arts-and-Crafts-Bewegung, die sich zu einer bedeutenden künstlerischen Strömung entwickelte. Die Vorstellungen vieler Anhänger prägte ein romantischer Blick zurück auf das ländliche *Old England*, das in vollkommenem Widerspruch zu den geometrisch geplanten viktorianischen Stadtvierteln und den elenden

Arbeiterquartieren stand. In der Natur erkannten sie eine Kraft, die in der viktorianischen Gesellschaft belebend wirken sollte und die noch in der späteren Kunstrichtung des Jugendstils sichtbar wird.

Gertrude Jekyll wandte sich unter dem Einfluss von Ruskin und Morris der Stickerei zu, spezialisierte sich dabei auf florale Motive, fertigte Wanddekorationen und Silberschmuck, Einlegearbeiten mit Elfenbein und Perlmutt an, lernte in Holz und Stein zu arbeiten und selbst zu schmieden. Mit bemerkenswertem Elan und Talent entdeckte sie vielfältige künstlerische Ausdrucksformen für sich. Jahrzehnte später urteilte die Urenkelin und Biografin von Edwin Lutyens, Jane Ridley, Gertrude Jekyll sei eine »Ein-Frau-Arts-and-Crafts-Bewegung« gewesen. Ein Nachbar habe sie voller Bewunderung gefragt, wie sie all das schaffen könne. Sie gehe nicht auf Tee-Partys, antwortete die Künstlerin unverblümt. Auch er gehe nicht auf Tee-Partys, entgegnete er. Ja, aber er sei verheiratet, und damit sei ein Mensch vollauf beschäftigt. Sie selbst blieb unverheiratet und kinderlos.

Für einige Jahre verlagerte sich ihr Lebensmittelpunkt nach Wargrave ins nördlich gelegene Berkshire, wo ihr Vater ein Haus geerbt hatte, in das sie mit ihren Eltern übersiedelte. In dieser Zeit begann ihre Sehkraft zu schwinden. Sie hatte gehofft, »Malerin zu werden, aber zu meinem lebenslangen Bedauern musste ich alle Hoffnungen darauf nach einer gewissen Zeit in der Kunstschule wegen extremer und immer fortschreitender Kurzsichtigkeit aufgeben«. Arbeiten, die einen konzentrierten Blick erforderten, fielen ihr immer schwerer. Zudem vermisste sie die Wälder und Hügel von Surrey, die Cottages und die alten Landsitze mit ihren symmetrischen Gärten und von

Balustraden umgebenen Terrassen. Auch die privaten Verhältnisse veränderten sich allmählich, als Geschwister auszogen und ihr Vater 1876 verstarb. So entschloss sich die Familie, nach Surrey zurückzukehren, und ließ ein Haus in Munstead Heath errichten, nicht weit entfernt von dem früheren Wohnsitz und von der Bahnstation in Godalming, die eine gute Verbindung nach London gewährleistete.

Die vierunddreißigjährige Gertrude Jekyll war glücklich, endlich wieder in Surrey zu leben, und begann umgehend, rings um das Haus einen Garten anzulegen, inspiriert von den gestalterischen Ideen, die in Robinsons Zeitschrift *The Garden* vorgestellt wurden. Bald schmückte das Anwesen eine Pergola, es gab einen naturnahen und einen alpinen Garten, eine Blumenrabatte, wobei selbst Obstbäume und andere Pflanzen aus dem Garten des früheren Anwesens in Berkshire hierher umgesetzt wurden.

Voller Energie widmete sie sich dieser Arbeit und schrieb inzwischen selbst über das Gärtnern in *The Garden*. William Robinson, der Gründer der Zeitschrift, und Dean Hole, der erste Präsident der englischen Rosengesellschaft, besuchten bereits um 1880 diese Anlage.

Gertrude Jekyll war William Robinson 1875 in den Verlagsräumen seiner Zeitschrift zum ersten Mal begegnet. Er galt als eine Instanz in Fragen der Gartengestaltung, war aber auch sehr streitbar und bekannt für seine scharfe Kritik. So hielt er nichts davon, exotische Pflanzen in Gewächshäusern zu kultivieren, um diese in aufwendigen und grellen Blumenrabatten zu präsentieren. Allein im Wildgarten und durch winterharte Staudenpflanzungen könnten Eigenarten und Schönheit der Pflanzen zur

Geltung gebracht werden. In einen regelrechten Streit verstrickte er sich mit den Architekten seiner Zeit, die es wagten, sich in die Gartengestaltung einzumischen, wo sie doch seiner Ansicht nach kaum fähig seien, Gebäude entsprechend den Bedürfnissen der Bewohner zu entwerfen. Nach Robinsons Vorstellung war die Schönheit der Natur vollkommen, und der Gärtner sollte danach streben, diese herauszuarbeiten. Architektonische Elemente wie Terrassen, Mauern und Stufen sollten möglichst wenig und einzig, um notwendige bauliche Anforderungen zu erfüllen, in einem Garten errichtet werden. Alles Künstliche wie Fontänen, Statuen oder Staffagen lehnte er rigoros ab.

Auch Gertrude Jekyll und William Robinson waren nicht immer einer Meinung. Während sie beispielsweise farbenfrohe Sommerblumen liebte und in ihren späteren Schriften deren Bedeutung als leuchtender Schmuck betonte, lehnte er sie immer entschiedener ab. Dennoch wurde sie schließlich ständige Mitarbeiterin für seine Zeitschrift und verfasste für sein Buch *The English Flower Garden* (1883) das Kapitel »Colour in the Flower Garden«.

Aus der Zeit in Munstead Heath stammen auch Jekylls erste Entwürfe für die Gärten von Freunden oder diejenigen, die Hilfe suchten. Ein Junge aus Rochdale erbat per Annonce in der Zeitschrift *Wood and Garden* Unterstützung beim Arrangieren eines Blumenkastens vor dem Fenster. Voller Freundlichkeit und Sorgfalt gab sie dem jungen Mann Anweisungen für die Wahl passender Pflanzen.

Allmählich sprach sich in Gärtnerkreisen herum, wie eindrucksvoll ihr Garten war, sodass sie 1881 gebeten wurde, sie möge als Jurorin auf einer Show der Royal Horticultural Society mitwirken, dem Vorläufer der berühmten Chelsea Flower Show. Im darauffolgenden Jahr heiratete ihr Bruder Herbert Agnes Graham, die Tochter eines berühmten Kunstsammlers, womit sich Gertrudes künstlerischer Zirkel um zahlreiche angesehene Vertreter der Arts-and-Crafts-Bewegung erweiterte. Die Anerkennung ihrer kunsthandwerklichen Arbeiten drückte sich zudem im Ankauf zweier Kunstobjekte durch das South Kensington Museum aus, ab 1899 Victoria and Albert Museum genannt. Der Maler George Dunlop Leslie lobt Gertrude Jekyll in seinem Buch *Our River* (1888) als »eine junge Dame mit einzigartigen und bemerkenswerten Fähigkeiten [...]. Klug und geistreich in der Konversation, aktiv und energisch in Geist und Körper und im Besitz von außerordentlichen künstlerischen Talenten [...] es gibt kaum ein nützliches Handwerk, dessen Geheimnisse sie nicht gemeistert hat [...] ihr künstlerischer Geschmack ist sehr ausgeprägt.« Den Höhepunkt der gesellschaftlichen Anerkennung stellte im Jahr 1897 schließlich die Verleihung der Victoria Medal of Honour durch die Royal Horticultural Society dar, die in diesem Jahr gestiftet wurde. Neben Gertrude Jekyll befand sich auch ihre Freundin Ellen Willmott – die einzigen beiden Frauen – unter den ersten sechzig Geehrten.

Nach ein paar Jahren in Munstead House kaufte Gertrude Jekyll 1883 ein rund sechs Hektar großes Grundstück in der Nähe und nannte es Munstead Wood. »Es hat die Form eines Dreiecks, ist im Süden am breitesten und fällt nach Nordwesten hin ab. Auf den oberen neun Morgen befand sich ein dichter Wald aus schottischen Kiefern, der vor Kurzem abgeholzt wurde, dann ein breiter Streifen mit Kastanien-Niederwald und am schmalen Ende ein kleines Feld mit kargen Sandböden«, wie sie in einem Vortrag im Garden Club darlegt.

Als Gartenland schien der sandige, magere Heideboden mit reichlich Wald, Baumstümpfen und Wurzeln kaum geeignet zu sein. Wie sollten hier Rosen und dekorative Exoten blühen und gedeihen, die die Viktorianer so liebten?

Sie begann mit der Gestaltung, ganz wie es William Robinson einem idealen Eigentümer empfahl, indem sie sich mit den Boden- und Standortverhältnissen vertraut machte. Inspiration schöpfte sie dabei aus der Betrachtung jener »kleinen Cottage-Gärten, die dazu beitragen, dass unsere englischen Wegesränder die schönsten der gemäßigten Welt sind«. Sie liebte die englischen Gärten, die »durch den Einfluss der italienischen Renaissance auf uns gekommen sind«, allerdings »durch allmähliche und unmerkliche Entwicklung zu dem verändert, was ein englischer Stil geworden ist«, wie sie schreibt.

Jeden Gartenbereich ordnete sie einer Jahreszeit oder bestimmten Pflanzen zu und verschaffte ihm so einen saisonalen effektvollen Auftritt: »Ich träume immer davon, für besondere Jahreszeiten herrliche Gärten zu haben, in denen eine einfach zu kultivierende Blume vorherrschen sollte; aber für den Juni mit seiner Blütenfülle gäbe es mehrere besondere Gärten.« Da könne es »einen Iris-Garten und einen Paeonien-Garten und einen Frührosen-Garten und einen Garten für Mohnblumen nebst halb-waldartigen Gärten für Azaleen und Rhododendren« geben. Damit nicht genug, hege sie für Anfang Juni einen »Gartenwunsch«, der ihr sehr am Herzen liege, nämlich »eine schöne Bepflanzung mit Brier-Rosen«, jenen Gartenvarianten der stacheligen Wildrosen der Feld- und Waldränder.

Das Konzept der jahreszeitlichen Staffelung der Bepflanzung war so einleuchtend wie wirkungsvoll, wie sie im Rückblick betont: »Das sandige Feld ist jetzt ein ertragreicher Gemüsegarten, der mittlere Teil ist der Standort des Hauses und der umgebende Rasen mit Sträuchern und Blumen, und der obere, wilde Teil, wo die schottischen Kiefern gerodet wurden, füllte sich bald mit jungen, natürlich gewachsenen Bäumen: Kiefernsämlingen, Birken, Stechpalmen, Eichen, Ebereschen und spanischen Kastanien. Sie wuchsen alle gemeinsam heran, und ich achtete zunächst darauf, die einzelnen Arten etwas auseinanderzuhalten, um natürliche Bilder von jeweils einer Baumart zu erhalten. In der Nähe der Mitte wurde ein Platz für Azaleen und einen kleinen Heidegarten frei gelassen. Jetzt, nach vierzig Jahren, ist alles zu einem zufriedenstellenden Reifezustand herangewachsen. Unter den Bäumen wurden Narzissen gepflanzt, und viele Flächen wurden mit Maiglöckchen und neuerdings mit meinem reinweißen Fingerhut gefüllt.«

Auch von ihrem zukünftigen Wohnhaus hatte sie anfangs nur eine vage Vorstellung gehabt. Den Architekten, mit dem sie die Pläne entwickeln konnte, traf sie auf einer Tee-Party im Mai 1889 im Garten von Littleworth Cross, Surrey. Dessen Besitzer, für die der knapp zwanzigjährige Edwin Lutyens einige kleinere Bauten errichtete, hatten ihn eingeladen, um beide miteinander bekannt zu machen. Wie Lutyens später schrieb, richtete diese beleibte, unverheiratete und auffallend gekleidete Mittvierzigerin mit Brille und federngeschmücktem Filzhut, die streng wirkte und kurz angebunden sprach, während der Tee-Party kein einziges Wort an ihn. Als sie dabei war, in ihre

Pony-Kutsche einzusteigen, wandte sie sich jedoch an ihn und lud ihn für den kommenden Samstag nach Munstead Wood ein.

Aus dieser Begegnung zwischen der geschätzten Künstlerin und dem blutjungen Architekten mit großen Erwartungen entwickelten sich eine Freundschaft und eine außergewöhnliche Arbeitsgemeinschaft. Zusammengenommen umspannte ihr Wirken ein Jahrhundert, wie Jekylls Biografin Jane Brown bemerkt: von Jekylls Geburt am 29. November 1843 bis zum Tod Lutyens am Neujahrstag 1944. Als Lutyens starb, galt er als einer der größten britischen Architekten seit den Zeiten von Christopher Wren. Wenn nach seinem Tod die britischen Architekturzeitschriften auch mit schwarzem Trauerrand erschienen, als wäre der König gestorben, so war er wenig später doch fast völlig vergessen. Die *Englishness* seiner Bauten gehörte nun eindeutig einer romantisch verklärten Vergangenheit an, während sich die Architektur der Moderne durch Sachlichkeit, Stahl und Beton ausdrückte. Bis heute erinnern nichtsdestoweniger zahlreiche englische Landhäuser, Kirchen und Mahnmale des Ersten Weltkrieges wie das Kenotaph in Whitehall, London, an sein Schaffen. Weltweit berühmt wurde er durch seine Beteiligung am monumentalen Entwurf und Bau von Neu-Delhi mit seinem Hauptwerk, dem Palast des Vizekönigs. Lutyens Wiederentdeckung begann erst Ende der 1970er-Jahre.

Als er Gertrude Jekyll begegnete, hatte er sich gerade selbstständig gemacht und erst neunzehnjährig bereits seine ersten Aufträge umgesetzt. Wenn auch seine Ausbildung selbst nach britischen Maßstäben recht unkonventionell war, beflügelte ihn ein unbändiger Arbeitseifer, und sicher bezauberte er – wenn auch auf schüchterne Art – durch eine gewisse Ausstrahlung. Auch er war im ländlichen Surrey aufgewachsen, sein Vater war Offizier und Maler, und seine aus Irland stammende Mutter liebte ihren Garten, an den sich Lutyens noch Jahrzehnte später mit einer gewissen Nostalgie erinnerte. Wie Gertrude Jekyll war er von den Ideen der Arts-and-Crafts-Bewegung erfüllt, in deren Geist er in seiner Architektur das Schöne und das Nützliche verbinden wollte. So wie für sie der Boden die Auswahl der Gewächse bestimmte, sollten für ihn das lokale Baumaterial und die Tradition der Bauweise den Ort des Lebens bestimmen. Das Kunstvolle sollte als lebendiger Ausdruck der Würdigung und Wertschätzung des Lebens verstanden werden. Das entsprach ganz dem Empfinden von William Morris: »Wenn man mich fragte, was ist die wichtigste Aufgabe der Kunst und das, wonach man sich am meisten sehnt, würde ich antworten: Ein schönes Haus.«

Als Lutyens Gertrude Jekyll das erste Mal in Munstead Wood besuchte, war er beeindruckt, wie liebenswürdig und aufgeschlossen sie ihn empfing. Er erinnerte sich später detailliert, wie sie gekleidet gewesen war: in einen blauen Rock, der über ihren Knöcheln endete, eine blaue Leinenschürze mit beutelartigen Taschen voller Gartengeräte, eine blau gestreifte, in Kellerfalten gelegte Bluse, im Schnitt wie ein Norfolk-Jackett, dazu trug sie dick besohlte Männerstiefel in Größe acht und einen Strohhut, den ein blaues Band samt Schleife zierten. Ihre geradezu legere Aufmachung bildete einen vollkommenen Gegensatz zum ersten Treffen, als sie ihren schalkhaft »Go-to-Meeting-Frock« genannten Aufzug, besser vielleicht ihre »Rüstung«, angelegt hatte – also eine bewusst für das Zusammentreffen mit anderen Menschen gewählte strenge Kleidung. Jetzt erlebte der junge Architekt eine Frau ganz in ihrem Element, eine Gartenkünstlerin in ihrem selbst erschaffenen Werk.

Beide waren von der Liebe zur Landschaft von Surrey erfüllt. Der Garten würde die Verbindung zwischen dem Haus und der Landschaft bilden, Kunst und Natur würden einander ergänzen und in ihrer Wirkung hervorheben. Auf einem ersten Gartenspaziergang werden sich ihre Vorstellungen von einem Haus zwischen Bäumen, Sträuchern und Stauden entwickelt haben. Um ihre Ansichten und ihr Wissen zu erweitern, begaben sich die eigenwillige Dame und der zurückhaltende junge Mann von nun an oft gemeinsam auf dem zweirädrigen Einspänner, gezogen vom Pony Bessy, auf Erkundungstour durch die Grafschaften Surrey und Sussex, um die Cottages, Werkstätten und Gärten zu studieren.

So ergab sich ganz natürlich der Plan für ihr Wohnhaus, gebaut aus dem heimischen Bargate-Stein mit hohen Schornsteinen und einem tief heruntergezogenen Dach. Gertrude Jekyll konnte die Baufortschritte von ihrem Gartenhaus aus begleiten. 1894 errichtete Lutyens dieses Provisorium, *The Hut* genannt, als erstes Gebäude, sodass Miss Jekyll mit ihrer Haushälterin einziehen konnte. Später nutzte sie es als Werkstatt und quartierte manchmal Freunde ein. Ringsumher pflanzte sie ihre Version eines Bauerngartens, der im Juni in seiner schönsten Blüte stand.

Im Oktober 1897 bezog Gertrude Jekyll schließlich ihr Wohnhaus, das mit dem Garten bereits eine lange gewachsene Einheit zu bilden schien. »In gewisser Weise«,

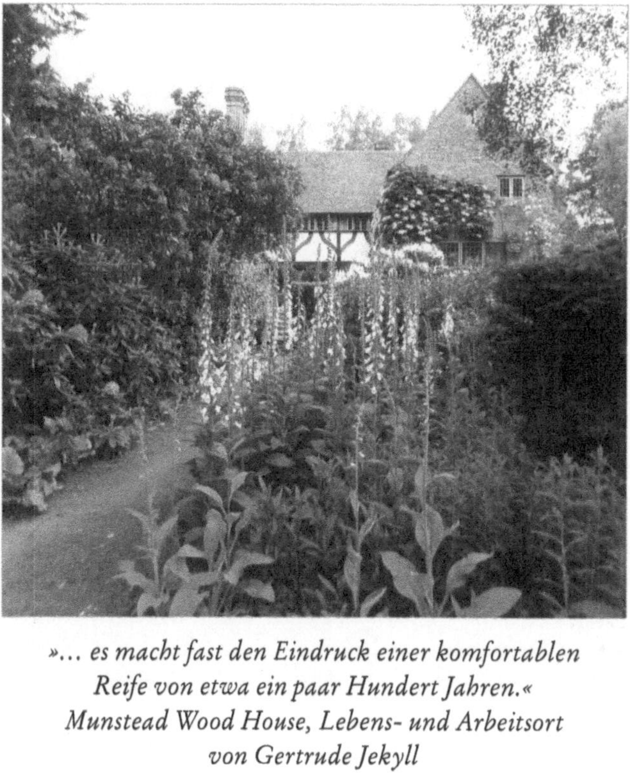

*»… es macht fast den Eindruck einer komfortablen Reife von etwa ein paar Hundert Jahren.«*
*Munstead Wood House, Lebens- und Arbeitsort von Gertrude Jekyll*

konstatiert sie, »ist es nicht gerade ein neues Haus, obwohl noch nie zuvor ein Gebäude an dieser Stelle stand. Aber ich hatte so viele Jahre darüber nachgedacht, und der Hauptteil und die ganze Stimmung waren meinem geistigen Auge so vertraut, dass es mir, als es Wirklichkeit wurde, vorkam, als hätte ich schon lange darin gewohnt. [...] es macht fast den Eindruck einer komfortablen Reife von etwa ein paar Hundert Jahren.«

Für mehr als dreißig Jahre wurde es zu ihrem Lebens- und Arbeitsort, an dem sie mit ihrem Hauspersonal und sieben Katzen wohnte. In ihren Diensten standen des Weiteren vier Gärtner (und keineswegs, wie anekdotenhaft überliefert, elf), darunter von 1893 bis zu seiner Pensionierung 1928 der aus der Schweiz stammende Chefgärtner Albert Zumbach, gefolgt von Arthur Gibbins. Der Charakter des Wohnhauses entsprach ganz und gar den Bedürfnissen seiner Bewohnerin und fungierte vor allem als Rückzugsort voller philosophisch-künstlerischer Reflexionen und Erinnerungen. Offensichtlich waren viele ihrer eigenen architektonischen Ideen in die Konzeption eingeflossen, obwohl Gertrude Jekyll allein dem Architekten die Anerkennung für das Werk zueignete. Sie betont, das Haus sei »auf die glücklichste Art und Weise in einem perfekten Verständnis zwischen dem Architekten, dem Bauunternehmer und dem Bauherrn« errichtet worden.

Für Lutyens markierte dieser Bau zugleich den Beginn einer beeindruckenden Karriere, wobei zahlreiche seiner neuen Auftraggeber aus dem Kreis um Gertrude Jekyll kamen. Wenn auch schwer in der Wirkung anschaulich zu machen, war der Einfluss der Gartenkünstlerin auf den jungen Architekten kaum zu unterschätzen. So war es ohne Zweifel diese Kooperation, die Lutyens' Auffassung von der Wichtigkeit beeinflusste, ein Gebäude in seine Umgebung einzufügen. Ebenso mögen seine Auffassungen ihre Wahrnehmung verändert haben. Wie Jane Ridley berichtet, dokumentiert das Fotoalbum Jekylls, wie sie ihre Bepflanzungspläne für das Frühjahr unterbrach, nachdem sie Lutyens kennengelernt hatte. Sie nahm nun Fotografien seiner bisherigen Arbeiten ebenso wie solche von alten Häusern im typischen Stil Surreys darin auf. Etwas poetisch ausgedrückt mag es ein Gleichklang der Seelen gewesen sein, der die beiden verband.

Ihre inspirierende Arbeit am Entwurf von Munstead Wood voller kluger Gespräche und der Möglichkeit, wie Jane Brown unterstreicht, die Vorstellungen des anderen kennenzulernen, wurde jedenfalls zur Grundlage ihrer erfolgreichen, über vier Jahrzehnte andauernden Gemeinschaftsarbeit und einer lebenslangen Freundschaft. »Die ganze Frage des Verhältnisses der Vegetation zur Architektur ist eine sehr große, und zu wissen, was man wo anbringt und wann man aufhört und wann man ganz darauf verzichtet, erfordert viel Wissen auf beiden Seiten«, wie Gertrude Jekyll resümiert. »Die Wahrheit scheint zu sein, dass für das beste Bauen und Pflanzen [...] der Architekt und der Gärtner eine gewisse Kenntnis von dem Metier des anderen haben müssen, und jeder muss mit Gefühlen freundlicher Ehrfurcht die unbekannten Gebiete des höheren Wissens des anderen beachten.«

Von nun an setzte das Duo Haus und Garten als Einheit in Szene, wobei für eine ländliche Architektur mit dem dazugehörigen Garten jeweils heimische Materialien und traditionelle Handwerkstechniken verwendet wurden. Anstelle der modischen Exoten erschufen einheimische wie winterharte Pflanzen und Sträucher in harmonischen Kombinationen rings um ein Haus eine stimmungsvolle Szenerie. Indem beide aus ihren Inspirationsquellen Natur und Geschichte schöpften, gelang es ihnen, die Landschaft zum Kunstwerk zu machen. Ihre gemeinschaftliche Arbeit wurde exemplarisch für den Stil der Arts-and-Crafts-Bewegung, und beide avancierten zu deren Schlüsselfiguren. Ihrer wachsenden Kundschaft gefiel das, womit das Duo einen prägenden Einfluss auf einen Wandel des Geschmacks ausübte und die britische Gartenkultur damit regelrecht revolutionierte.

Mehr als einhundert Projekte sollten Realität werden. Darunter befand sich neben zahlreichen privaten Landhäusern und Kriegsgräbern mit dem Puppenhaus der Königin Mary, *Queen Mary's Dolls' House*, aus den frühen 1920er-Jahren, das auf Windsor Castle besichtigt werden kann, vielleicht einer der ungewöhnlichsten Aufträge. Vita Sackville-West leistete übrigens auch einen Beitrag zu diesem Projekt, indem sie wie eine Reihe weiterer berühmter Autorinnen und Autoren ein Buch für die Miniaturbibliothek verfasste. Bemerkenswert ist, dass sich Jekyll wie Lutyens in jedem Projekt für die Details interessierten und individuelle Lösungen fanden. Es gelang ihnen stets, eine ausgewogene Synthese durch Jekylls harmonische Bepflanzung und Lutyens' geometrische Strukturen zu erlangen.

Ihr erstes gemeinsames Projekt, Munstead Wood, begeisterte zahlreiche Besucherinnen und Besucher, darunter die Künstlerin Helen Allingham, die Anfang des 20. Jahrhunderts mehrere Aquarelle des Gartens schuf, und 1909 die britisch-deutsche Schriftstellerin Elizabeth von

Arnim, deren Bestseller *Elizabeth and her German Garden* von 1898 (dt. *Elisabeth und ihr Garten*) sie berühmt gemacht hatte.

Von der Straße Heath Lane gelangte man durch ein schlichtes Gartentor auf den Weg zum Eingang, wobei das Haus sich hinter einem lichten Wäldchen mit Kiefern, Kastanien, Eichen und Birken, voller Heidekraut und Heidelbeeren, charakteristisch für den sandigen Boden, verbarg. Den Übergang vom Haus in den formalen Garten bildete ein kleiner Innenhof, von den Seitenflügeln des Hauses wie mit Armen eingefasst und gepflastert mit großen, von Jekyll ausgewählten Sandsteinplatten, geschmückt mit in Töpfen bogenförmig arrangierten Farnen, Hostas, dazu im jahreszeitlichen Wechsel mit hoch aufragenden Lilien, später zarten Hortensien. Der Frühlingssonne zugewandt war ihr Frühlingsgarten voller Frühblüher, wobei der Tunnel unter den Haselnusssträuchern, der Nussgarten, im Frühjahr den leuchtenden Übergang in die formalen Bereiche mit der großen Rabatte und den Frühlingsgarten bot.

Manch ein Besucher war überwältigt, wie Graham Stuart Thomas, jener später berühmte britische Pflanzenkundler, Autor und botanische Künstler, der für den National Trust arbeitete und u. a. Rosen züchte. Er schilderte die lang gestreckten Blumenrabatten, in denen einjährige Blumen neben langlebigen Stauden und Sträuchern mit vielgestaltigen Wuchs- und Blattformen zu originellen Farbkompositionen gefasst waren. Rundblättrige Bergenien kontrastierten mit den schmal-lanzettlichen Blättern der Palmlilien. In üppiger Fülle ergossen sich Blattranken und Blüten, und wohl als eine der Ersten ließ Gertrude Jekyll Rosen frei rankend in kleine Bäume oder Hecken

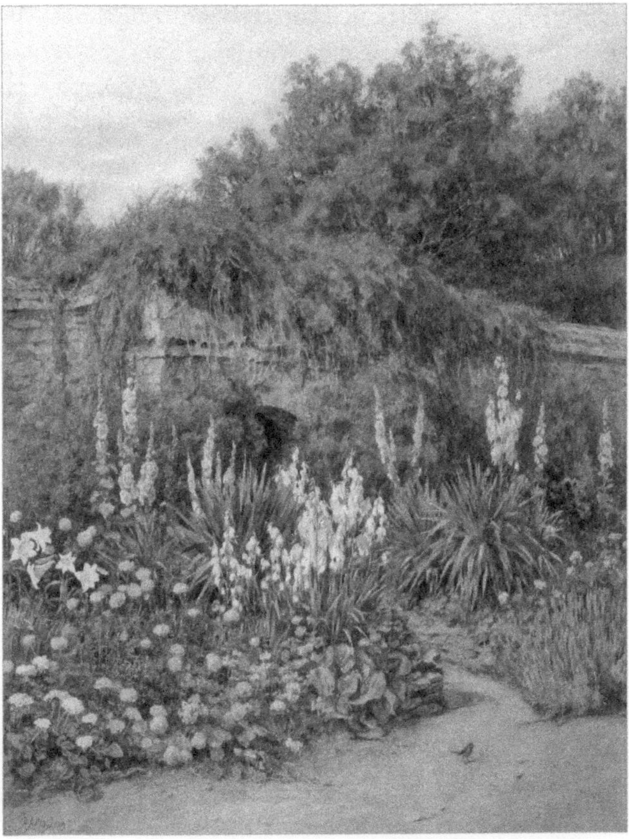

*»Was man braucht, um die beste Gartenarbeit zu leisten, ist so etwas wie die Ausbildung eines Künstlers.«*
*Gertrude Jekyll; Gemälde von Helen Allingham: ›South Border of Munstead Wood‹*

klettern. Sie liebte die unkomplizierten Heckenrosen, die in Dünen und sandigem Boden, wie er hier vorherrschte, leicht zu kultivieren waren.

Andere Besucher fühlten sich an niederländische Blumenstillleben erinnert angesichts der luxuriösen Üppigkeit, deren Wirkung durch die bescheidene Zurückhaltung in anderen Arealen des Gartens noch gesteigert wurde. Doch nicht allein formale Elemente prägten die Gestaltung, auch in Gruppen zusammengesetzte Azaleen und Rhododendren, farblich angepasst und den Blick leitend. Alles, was sie erschuf, seien es Pflanzengruppen oder -kombinationen, war in Farbe, Laubfärbung, Textur und Proportion harmonisch aufeinander abgestimmt, wie in Farbverläufen eines Aquarells, denn: »Stets ist es mein Bestreben«, bekennt sie, »ein schönes Bild zu schaffen.« Das koordinierte Gesamtbild einzelner *garden rooms*, Gartenräume, die miteinander verbunden waren und ineinander übergingen, war ihr künstlerischer Ausdruck.

Mit der Auswahl an Pflanzen wurde Gertrude Jekylls Munstead Wood zum Inbegriff eines Gartens im Sinne der Arts-and-Crafts-Bewegung, deren Anhänger das Ideal der einstigen bescheidenen Hausgärten mit ihren altmodischen Pflanzen favorisierten, wie Mohnblumen, Stockrosen, Fingerhut, Malven, Gänseblümchen, Lavendel, Rosen, Lupinen, Sonnenblumen, Maiglöckchen, Phlox, Nelken oder Rittersporn. Viele dieser Pflanzen inspirierten William Morrison zum Design für Textilien und Wanddekorationen aus edlen Materialien. Sie brachten die Natur in die Häuser und verliehen dem britischen Innendekor einen unnachahmlichen Stil, der bis heute erkennbar ist. Die mit Gemälden und Grafiken illustrierten Journale und Bücher, die sich großer Beliebtheit erfreuten, verbreiteten eine gewisse romantisch-nostalgische Sehnsucht nach malerischen Cottages mit rosenumwachsenen Hauseingängen und von Stockrosen gesäumten Wegen. Auf dergleichen rustikale Wohnstätten hatten die Menschen wenige Jahrzehnte zuvor noch mit Skepsis als Horte von Unordnung und mangelnder Hygiene geblickt. Im Kontrast zu den stetig wachsenden Städten mit Lärm, Verkehr, Schmutz und Elendsquartieren avancierten sie nun jedoch zu begehrten Objekten für den Wochenendaufenthalt auf dem Lande.

Für mittellose Dorfbewohner und Tagelöhner war der Anbau von Essbarem im Garten überlebenswichtig. Farbenfrohe Blütenpflanzen waren ein geschätzter, kostbarer und rarer Luxus. Für die aufstrebende, wohlhabende Mittelklasse, die es sich leisten konnte, auf dem Lande unweit von London zu bauen, wandelte sich der Garten zu einem Prestigeobjekt und zu einer Erweiterung des Hausinneren, der die Möglichkeit bot, Reichtum und Kunstgeschmack in der Mode der Zeit zu präsentieren. Während Arme sich selbst um den Garten kümmerten, beschäftigten Wohlhabende eine Vielzahl an Gärtnern, Untergärtnern und Hilfsarbeitern.

William Robinson und Gertrude Jekyll sind als Pioniere dieses neuen Gartengeschmacks anzusehen, obwohl es eine ganze Reihe einflussreicher Frauen und Männer gab, die die neuen Gartenideen unter den veränderten Bedingungen der Epoche propagierten, wie etwa Ellen Willmott und Theresa Earle, die wie Gertrude Jekyll die South Kensington School of Art besucht, 1897 ihr erstes Buch veröffentlicht hatte, *Pot-Pourri from a Surrey Garden*, und eine Tante von Lutyens Ehefrau Emily Lytton war.

Gertrude Jekyll bezeichnete sich selbst allerdings als Amateurin. Durch Probieren, Experimentieren, Sich-Zeit-nehmen-Können habe sie in Munstead Wood eine Verschmelzung ihrer spezifischen künstlerischen Auffassung von Farbe und Licht gefertigt. Wobei sie sich das »Zeit-Nehmen« wohl auch erst aneignen musste: »Ein Garten ist ein wunderbarer Lehrer. Er lehrt Geduld und die Gabe zu warten, er lehrt Fleiß und Sparsamkeit, aber vor allem lehrt er grenzenloses Vertrauen.«

Das Geheimnis eines Gartens liege letztlich in der Natur des Eigentümers, wie William Robinson resümierte, wenn er meinte, dieser müsse sein Stück Land kennen und lieben, damit bei dessen Gestaltung das beste Ergebnis erzielt werden könne. Nichts sei so schlecht wie ein stereotyper Plan. Gertrude Jekyll teilte diese Ansicht. »Wann immer ich die großen formalen Gärten gesehen habe, die an bedeutende Häuser des palladianischen Typs angegliedert und die in ganz England so zahlreich sind, bin ich von ihrem fast ausnahmslosen Mangel an Interessantheit und an wirklicher Schönheit oder an der Fähigkeit, Freude zu vermitteln, beeindruckt gewesen. Auch auf die Gefahr hin, durch häufige Wiederholung meines Glaubensbekenntnisses zur Gartenkunst ermüdend zu wirken, wage ich zu wiederholen«, wie sie in einem ihrer Artikel hervorhebt, »dass ich der festen Überzeugung bin, dass der Zweck eines Gartens in erster Linie und vor allen anderen Erwägungen darin besteht, Glück und Erholung des Geistes zu vermitteln, und zwar durch die Darstellung der besten Arten von bildlicher Schönheit von Blumen und Blättern, die man kombinieren oder erschaffen kann.« Jenes Glück finde man wohl eher im eigenen Gartenbeet mit winterharten Blumen »als in einem dieser großen Gärten, wo die Blumen ihre attraktive Identität und damit ihren Einfluss auf das menschliche Herz verlieren und einen niedrigeren Rang als bloße Massen von Farben einnehmen müssen, die so viele Quadratmeter Raum ausfüllen.«

Doch nicht nur die Arts-and-Crafts-Bewegung prägte ihre Arbeit. Gertrude Jekyll liebte das sandige Land am Rande der alten Siedlung Munstead, nicht weit vom Fluss Wey entfernt, beobachtete, wie die Sonne sich Licht und Leben spendend im Wechsel der Jahreszeiten über das Grundstück bewegte, und pflanzte die entsprechenden Stauden, Sträucher, Büsche und Bäume. Der große Meister Turner hatte sie gelehrt, die Lichtstimmungen zu erforschen, meint er doch: »Licht ist also Farbe und Schatten das Fehlen derselben.« Viele Stunden verbrachte sie in der National Gallery und kopierte seine Gemälde, um seinen Umgang mit Farbe und Licht zu erforschen. »Um gut zu pflanzen«, war sie sich bewusst, »bedarf es eines Künstlers von beträchtlicher Fähigkeit. Seine Probleme sind nicht gering, denn sein lebendes Bild muss aus jeder Perspektive und bei jedem Licht stimmen.«

Farbe war als Ausdruck des Lichts ein wesentliches Element der Gestaltung, was sie veranlasste, sich intensiv mit den Farbtheorien des französischen Chemikers Michel Eugène Chevreul zu beschäftigen. Als Direktor der Gobelin-Manufaktur befasste er sich mit diversen Problemen der Färbemittel, setzte Pigmente nebeneinander und bestimmte systematisch den maximalen Simultankontrast. Das Ergebnis war eine Farbreihe von Gegenpaaren, wie sie heute noch in der Palette der Schulfarbkästen zu finden ist. Darüber hinaus entwickelte er einen Farbkreis. Seine Arbeit beeinflusste die Malerei der Epoche in großem Maße, wie die Werke von Delacroix, Monet oder Cézanne zeigen.

Auch der Einfluss des Kunstkritikers und Freundes John Ruskin prägte Gertrude Jekylls Arbeit. Als sie einmal gefragt wurde, was sie von Ruskin gelernt habe, erzählte sie, dass er sie einst gefragt habe: »›Welche Farbe hat das Gras dort drüben?‹ Grün, natürlich, hatte sie geantwortet. ›Nein, das ist es nicht‹, war Ruskins rasche Antwort. ›Wenn Sie das Gras malen wollten, wäre Grün nicht die Farbe, die Sie aus Ihrem Aquarellkasten nehmen würden. Es wäre Primelgelb.‹ Er hatte natürlich recht. Die Moral von der Geschichte ist, immer wieder hinzuschauen, und noch wichtiger, zu beobachten.«

Gertrude Jekyll, Malerin und Gärtnerin, berücksichtigte diese Farbtheorien in der Anpflanzung ihrer Staudenrabatten, um für das Auge aus der kontrastierenden Farbwirkung der Blüten die wirkungsvollsten Effekte zu erzielen. Sie wurde berühmt dafür, durch die ineinander übergehenden Farben Rhythmus und Charme eines Kunstwerks zu erzeugen. »Was man braucht, um die beste Gartenarbeit zu leisten«, unterstreicht sie, »ist so etwas wie die Ausbildung eines Künstlers.« Gartenarbeit zähle für sie »in ihrer besten Ausprägung durchaus zu den schönen Künsten«, wobei es beim Erlernen der Tätigkeit einige einfache Regeln gebe, »deren Befolgung im Gartenbau den Unterschied zwischen einem völlig gewöhnlichen Garten und einem Garten voller Schönheit und faszinierendem Interesse ausmachen wird. Eine der wichtigsten dieser Regeln ist die sorgfältige Berücksichtigung der Farbgestaltung.«

Wie wichtig dabei die Kombination aus Theorie und

Praxis ist, betonte sie noch in späten Artikeln: »Wenn die Methoden der Gartenarbeit, die mir am wertvollsten erscheinen und die ich in meinen Büchern darzustellen versucht habe, auch für andere von Nutzen sind, dann deshalb, weil ich nie eine Zeile geschrieben habe, die nicht durch tatsächliche Arbeit und Erfahrung begründet war.« Was sie über »die Anordnung von Farben und die Herstellung von Bildern mit lebenden Pflanzen« beschreibe, sei durch eine frühe künstlerische Ausbildung unterstützt worden.

An der großen Rabatte in Munstead Wood ließ sich dieser ästhetische Farbenklang wunderbar erfahren, wenn von den beiden Enden in sanften Grau- und Blautönen sich zur Mitte hin in Orange- und Rottönen ein wahrer Farbenrausch entwickelte. Frühlingszwiebelblumen in Weiß und Gelb harmonierten dagegen mit dem jungen Grün der Haselnussbaumallee. Die zarten Grautöne waren ein Farbelement, das sie auf ihren Reisen in der mediterranen Pflanzenwelt entdeckte und zu schätzen lernte, um es als Akzent und im Farbspiel mit den Steinfarben einzusetzen.

Doch neben dem Sehen trat noch ein weiterer Sinn in den Vordergrund. Durch die Verschlechterung ihrer Augen hatte sich Jekylls Geruchssinn geschärft, und bei der Pflanzenauswahl legte sie zunehmend Wert auf den Duft von Blüten und Kräutern. Ihre Entwürfe dokumentieren, wie sie an den Haus- oder Garteneingängen gerne Rosmarin oder Myrte setzte, damit die Hereintretenden sanft die Zweige berührten und den zarten Duft genossen, der für ein paar Momente die Umgebung verzauberte.

All diese Elemente und die Natürlichkeit, die die harmonische Vereinigung von architektonischen und gartenkünstlerischen Ideen in Munstead Wood auszeichnete, wurden zur Grundlage für die Bepflanzungspläne, die Gertrude Jekyll für zahlreiche Geschäftsleute, Bankiers, Politiker und Verleger entwickelte. Einige Kritiker meinen jedoch, die raffinierten Arrangements ihrer nachfolgenden Arbeiten stünden im Kontrast zur natürlichen Unbefangenheit dieses ersten großen Wurfs. Munstead Wood war und ist für manche schlicht ihr Meisterwerk. Ganz im Sinne von Gertrude Jekylls Ausspruch: »Kein exotisches Blumenarrangement wirkt so überzeugend wie ein Strauß, den man leicht in der Hand hält, wenn man Blumen für Blumen schneidet.«

### *Gärtnerin, Autorin und Geschäftsfrau*

Zweifellos war Gertrude Jekyll eine außergewöhnliche Persönlichkeit und Gärtnerin, die sich selbst nie Gartengestalterin nannte. Sie hatte bedeutenden Anteil daran, Gärtnern als anerkannte professionelle Betätigung für Frauen zu etablieren, und unterstützte die berufliche Ausbildung von Gärtnerinnen. Bereits 1899 war die Women's Agricultural and Horticultural International Union, 1910 umbenannt in Women's Farm and Garden Union, gegründet worden, deren Vizepräsidentin 1916 Gertrude Jekyll wurde. Als Frances Garnet Wolseley 1902 das Glynde College for Lady Gardeners gründete, zählten Gertrude Jekyll und Theresa Earle zu den ersten Mäzeninnen. 1907 ließ Jekyll ihren Entwurf für die Gartenanlage der privaten Tuberkulose-Heilstätte King Edward VII Sanatorium in der Nähe von Midhurst, West Sussex, von Lady Gardeners umsetzen.

Solche Colleges eröffneten jungen Frauen eine professionelle Ausbildung im Gartenbau, die die Grundlage für ihre Selbstständigkeit werden konnte. Viele Studentinnen der ersten Generation engagierten sich zudem in der Suffragetten-Bewegung. Wie viele ihrer Zeitgenossinnen interessierte sich auch Gertrude Jekyll neben der Entwicklung von Berufschancen für Frauen für das Frauenwahlrecht. Nur wenige Quellen dokumentieren jedoch ihre Aktivitäten, und ihr Neffe spielte ihre Verbindungen zur Frauenbewegung nach ihrem Tod eher herunter. Doch allein schon durch Emily Lutyens und deren Tante Theresa Earle hatte sie Kontakt zu den Suffragetten. Beweiskräftig ist etwa ihr Entwurf für das Banner der National Union of Women's Suffrage Societies (NUWSS) von Guildford und Godalming. Das Godalming-Banner, im dortigen Museum präsentiert, trägt ein gesticktes Rosenmuster in den NUWSS-Farben Rot, Weiß und Grün. Eine Fotografie dokumentiert, wie es auf einer Parade der Frauenrechtlerinnen im Juli 1913 durch Guildford getragen wurde. Laut zeitgenössischen Artikeln wurde Gertrude Jekyll bereits 1909 zur Vizepräsidentin des Godalming-Zweigs der NUWSS gewählt, und im folgenden Jahr befand sie sich während einer Demonstration der Frauen in Guildford auf der Tribüne. Als die NUWSS-Zweige von Surrey, Sussex und Hants am 9. November 1912 eine Spendenaktion unter dem Motto »Großer Verkauf von Pflanzen aus berühmten Gärten von Surrey« durchführten, organisierte sie die Pflanzen.

Auch durch ihre umfangreiche Autorentätigkeit sorgte Gertrude Jekyll für Wissensvermittlung und Inspiration. Als Sechsundfünfzigjährige publizierte sie ihr erstes Buch *Wood and Garden* (1899), das 1906 in deutscher Übersetzung erschien. In diesem wie in dem nachfolgenden Buch *Home and Garden* (1900) dokumentierte sie die Gestaltung von Haus und Garten in Munstead Wood und widmete sich zugleich kunsthandwerklichen Themen, der Floristik sowie der Darstellung des traditionellen Lebens in Surrey. Als ihre populärsten Werke gelten *Roses for English Gardens* (1902) und *Colour in the Flower Garden* (1908). Manche Bücher beschäftigen sich mit ausgewählten Aspekten, wie *Wall and Water Gardens* (1902), oder mit der Frage, wie man Kinder an die Gartenarbeit heranführen könne, wie *Children and Gardens* (1908).

Ihre tief empfundene Liebe für die Landschaft und die althergebrachte Lebensweise der Menschen bezeugt ihr Buch *Old West Surrey* (1904). Zweifellos besaß sie ein feines Gespür für all das, was beim Aufbruch in die Moderne verloren ging. Liebevoll wandte sie sich der Kultivierung altmodischer Blumen zu, sicherte ihnen in den Gärten der neuen Zeit Lebensorte und kombinierte sie mit modischen Gewächsen, wollte sie doch das Wissen um etwas bewahren, das allmählich verschwand.

Weniger gern vermittelte sie ihre Ideen im persönlichen Gespräch. Das mag durch das relativ zurückgezogene Dasein der Gartenkünstlerin bedingt sein. Offenbar wollte und konnte diese außergewöhnliche Frau nur ein gewisses Maß an Kontakten zu anderen pflegen, und so verwies sie manchen Interessierten auf ihre Publikationen mit zahlreichen Fotos ihrer Rabatten. Es entsprach einfach nicht ihrem Charakter, unbekannte Bewunderer zu empfangen und Small Talk zu betreiben. Vielmehr war sie eher abweisend, was insbesondere in ihren letzten Lebensjahren der Fall war. Ihre recht direkte Art drückte sich –

wenn auch auf eine liebenswert-scherzhafte Weise – bezeichnend in dem Spitznamen »Aunt Bumps« aus, den ihr die Kinder von Edwin Lutyens gaben. Diese »Trampeltante« mit ihrer etwas kräftigen Statur mag manchen potenziellen Besucher am Gartentor erschreckt haben. Es half wohl nichts, als sich ihres resoluten Auftretens zu erwehren, indem man geduldig wartete.

So erging es William Nicholson, der 1920 ein Porträt von Gertrude Jekyll malen wollte. Zwischen den Sitzungen ließ sie ihn warten, um im Garten zu arbeiten. Derweil fertigte er zusätzlich ein Gemälde von ihren Gartenstiefeln an. Dieses Paar lederner Männerstiefel hatte sie irgendwann in ihren Vierzigern gekauft. Angesprochen auf das Alter ihres Schuhwerks, antwortete sie lapidar: »So wie kein Pferd neues Zaumzeug mag, bin ich ganz sicher, dass ich keine neuen Stiefel will.« Dank mehrmaliger Reparaturen hielten sie in der Tat bis zu ihrem Tod.

Das Gemälde ist als ein Ausdruck ihres soliden und tatkräftigen Wirkens zu werten, das im Englischen als *a hands-on gardener* bezeichnet wird, also jemanden meint, der selbst Hand anlegt beim Graben, Jäten oder Hacken. Nicholson schenkte es den Lutyens, und Emily Lutyens ihrerseits stiftete es 1944 der Tate Gallery. Die Gartenstiefel selbst schenkte Gertrudes Neffe Francis Jekyll in den 1940ern der amerikanischen Landschaftsarchitektin Nellie B. Allen. Sie vermachte sie dem Guildford Museum. Währenddessen befindet sich das Porträt, das der geduldige Nicholson zu guter Letzt von der siebenundsiebzigjährigen Besitzerin anfertigte, in der Londoner National Portrait Gallery. Gertrude Jekyll kommentierte es knapp: »Ich wünschte, es würde etwas Schöneres zeigen.«

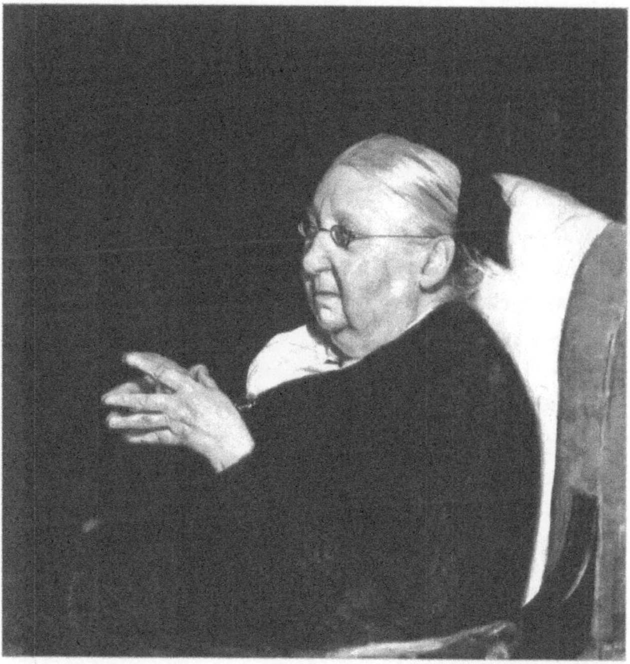

*»Ich wünschte, es würde etwas Schöneres zeigen.«*
*Gertrude Jekyll, porträtiert von William Nicholson, 1920*

Die Künstlerin, theoretisch bewanderte Gestalterin und Wissensvermittlerin Gertrude Jekyll beschäftigte sich jedoch ebenso mit ganz praktischen Dingen: als Züchterin, als Geschäftsfrau und neben dem Zier- auch mit dem Nutzgarten. Denn Munstead Wood war nicht allein das private Domizil einer begabten Gärtnerin, die entzückt an ihren Rabatten entlang oder durch den Tunnel aus Haselnusssträuchern hindurch wandelte und ihre Schöpfungen genoss. Zum Grundstück gehörten auch eine Obstwiese, ein Küchengarten und eine Gärtnerei, die zusammen fast zwei Acres (etwa 0,8 Hektar) umfassten, vom *Pleasure Garden* durch einen Wall getrennt, der im Laufe der Jahre gestalterischen Veränderungen unterworfen war. Gertrude Jekyll schrieb selten über den Arbeits- und Nutzgarten, im Buch *Gardens of Small Country Houses* (1912) spart der Grundstücksplan diese Bereiche aus, und bis heute beinhalten nicht alle Publikationen über Jekyll Pläne des gesamten Areals. Ihre eigenen Fotografien sowie die von Herbert Cowley, aufgenommen für diverse Gartenzeitschriften, vermitteln jedoch einen Eindruck von diesem Teil des Geländes, den nur wenige kannten.

Angelegt, um die Versorgung mit Obst und Gemüse ebenso wie mit Jungpflanzen für die Rabatten zu gewährleisten, veränderte sich die Größe des Arbeits- und Nutzgartens im Laufe der Zeit, nachdem Jekylls Erfolge finanzielle Möglichkeiten und Ansporn zu Farbexperimenten in neu angelegten Rabatten boten. Um den Garten so effektiv und ökonomisch wie möglich zu gestalten, wurden viele der Gewächse in der Gärtnerei gezogen, vermehrt, gezüchtet und gekreuzt. Mehrere Komposthaufen lieferten Pflanzerde, Pflanzenreste dienten zum Mulchen, und etliche spezielle Arbeitsgeräte fertigte Gertrude Jekyll selbst an. Wenn sie keine passende Vase für ihre floristischen Kreationen fand, fertigte sie Entwürfe, nach denen Glasvasen hergestellt wurden. Obst und Gemüse verarbeitete man in der Küche.

Ganz selbstverständlich arbeitete sie dabei mit ihren Gärtnern zusammen, etwa beim Vermehren von Primeln: »Zwei Tage lang sitze ich den ganzen Tag auf einem niedrigen Schemel und teile die Pflanzen. Ein Junge versorgt mich mit einem Arm voll frisch ausgegrabener Pflanzen, zwei Männer graben am anderen Ende den kühlenden Kuhmist ein, und ein anderer Mann trägt die geteilten Pflanzen schubweise weg und pflanzt sie sorgfältig wieder ein.«

Um Einnahmen zu erzielen, begann allmählich auch der Anbau von Pflanzen zum saisonalen Verkauf, insbesondere von Narzissen und Maiglöckchen, die sie bündelweise an die lokalen Geschäfte lieferte. Zu dieser Zeit waren Blumen sehr beliebte Dekorationen für das viktorianische Haus, Narzissen liebten die Menschen als Frühlingsboten, und Maiglöckchen mit ihren porzellanfeinen Blüten und ihrem betörenden Duft wurden nicht nur im Mai, sondern durch entsprechende gärtnerische Arbeit oft auch schon in der Winterzeit angeboten. Daneben baute Gertrude Jekyll drei Beete mit der Rose ›Zéphirine Drouhin‹ an, deren Blütenblätter der Herstellung von Potpourri dienten, das ebenfalls verkauft wurde. Die nach der Frau eines französischen Rosenliebhabers benannte Bourbonrose hat nicht nur eine kräftige rosa Farbe, einen guten Duft und ist öfter blühend, sondern darüber hinaus sind ihre Triebe ohne Stacheln – eine Besonderheit, die Jahre später in dem Kriminalroman *Sad Cypress* (dt. *Morphium*) von Agatha

Christie eine entscheidende Rolle spielen sollte. Schließlich löst ihr Detektiv Hercule Poirot den verwickelten Fall um eine Erbschaft allein dadurch, dass er sich die Rose sehr genau ansieht.

In den Darstellungen über Gertrude Jekyll wird die Ansicht vertreten, sie habe zu keinem speziellen Zeitpunkt eine direkte Entscheidung getroffen, eine Gärtnerei zu eröffnen, sondern es habe sich ergeben. Die Idee entstand wohl zunächst aus dem Austausch von seltenen Pflanzen mit anderen Pflanzenliebhabern und war begleitet von dem Wunsch, die neu gezüchteten Sorten weiter zu verbreiten. Allmählich entwickelte sich daraus ein Geschäftszweig, dessen Anfänge in den frühen 1890er-Jahren lagen. Sie gab mehrere Kataloge heraus. Einer der frühen aus der Zeit um 1905 beinhaltet rund dreihundert verschiedene Pflanzen, darunter viele Sträucher und Stauden.

Schon seit früher Jugend, auf Reisen und ihren Touren durch Surrey, hatte sie einen Blick für Gewächse aller Art entwickelt. Sie war eine wirkliche »Pflanzenjägerin« und entdeckte und bewunderte ihre Vielfalt. Sie beobachtete, wie manche früher geschätzte Blume in Vergessenheit geriet und neue Modeblumen auftauchten. Alte Rosen waren um 1900 völlig aus der Mode gekommen. Die Menschen waren von den modernen, öfter blühenden Züchtungen in leuchtenden Farben begeistert. Die Rose ›La France‹ beispielsweise, die als erste Teehybride angesehen wird und das Zeitalter moderner Rosen einleitet, erschien 1867 auf dem europäischen Markt und war bei der Kundschaft bald sehr beliebt. Thomas Mann erwähnt sie in seinem Roman *Buddenbrooks* (1901) wie nebenbei, als er seinen Protagonisten, den jungen, in eine Blumenverkäuferin verliebten

Kaufmannssohn, in der Abschiedsszene sagen lässt: »Geben Sie mir ... ein paar Rosen, bitte ... Ja, gleichgültig. La France ...«

In Munstead Wood entstanden im Laufe der Jahre zahlreiche neue Sorten vieler verschiedener Pflanzen, von denen einige von der Royal Horticultural Society ausgezeichnet wurden, wobei wohl der größte Teil längst wieder verschwunden ist. Nach wie vor befindet sich aber der Lavendel der Sorte *Lavandula angustifolia* ›Munstead‹ aus der Zeit um 1916 in Kultur, wird von zahlreichen Gärtnereien verkauft und zählt inzwischen zu den Klassikern im Lavendel-Sortiment. Auch die weiße Akelei aus ihrer Züchtung namens *Aquilegia* ›Munstead White‹ ist bis heute weit verbreitet.

Einen weiteren Vorteil hatte die Eröffnung der nie geplanten Gärtnerei. Wenn Gertrude Jekyll für ihre wohlhabenden Kunden, die *newly-rich*, Gärten plante, gab sie an, ihre eigene Gärtnerei könne vergleichsweise günstig einen Großteil der benötigten Pflanzen liefern. Wie die erhaltenen Quellen zeigen, war die Gärtnerei tatsächlich in der Lage, eine recht hohe Anzahl der gewünschten Pflanzenarten zu produzieren. Jekyll wusste, welche Pflanzen welchen Standort, Boden und welche Nährstoffe brauchten und in Wuchs, Farbe und Ansprüchen zueinander passten, und hatte beim Planen der Gärten außerdem im Kopf, wann sie welche Pflanzen in welcher Menge vermehren und vorziehen konnte. Versandt wurden die Pflanzen übrigens kostengünstig und effektiv mit der Bahn, verpackt in Holzkisten, die sie von lokalen Lebensmittelhändlern bezog.

Mit einem Plan und den passenden Pflanzen konnte die

Arbeit beginnen, schließlich sei das das Wichtigste. Demgegenüber stehe eine Herangehensweise, die sie missbilligte. »Das allgemeine Durcheinander und der Mangel an klarer Absicht, der in Gärten so häufig ist«, sei, wie sie klagt, »so verschwenderisch, weil ein Ort voller schöner Pflanzen sein kann, die großartig gewachsen sind, aber wenn sie ohne ein bestimmtes Schema zusammengemischt sind, erzeugen sie nur einen unbefriedigenden Effekt, anstatt sich zu einem harmonischen Bild zusammenzusetzen.«

Die Anzahl der Gärten, die Gertrude Jekyll auf diese Weise in ihrem Leben entworfen hat, wird von Fachkundigen auf etwa vierhundert geschätzt. Da in vielen Fällen schriftliche Quellen oder Entwürfe fehlen und manchmal nur Namen oder Adressen in ihren Arbeitsbüchern vermerkt sind, lässt sich die exakte Zahl nicht mehr feststellen. Die Quellen, die in der Universität in Berkeley archiviert sind, dokumentieren zweihundertfünfzig Projekte, während ihr Neffe Francis Jekyll dreihundertvierzig auflistet. Viele dieser Gärten sah Gertrude Jekyll weder bevor ihre Arbeit begann noch nachdem die Anlage fertiggestellt worden war. Sie führte mit den jeweiligen Besitzern eine intensive Korrespondenz, um Informationen über das Grundstück, die Lage und den Boden zu erhalten, ließ sich zuweilen Bodenproben zusenden. Dabei arbeitete sie nicht allein mit Edwin Lutyens zusammen, sondern mit einer ganzen Reihe von angesehenen Architekten.

Ihre Auftraggeber gehörten fast durchgehend zu jenen Betuchten, die erst vor relativ kurzer Zeit ihren Reichtum in Industrie und Handel erwirtschaftet hatten. Es entbehrt nicht einer gewissen Ironie, dass sich viele dieser Neureichen für die Ideen der Arts-and-Crafts-Bewegung mit ihrer Wertschätzung des traditionellen Handwerks begeisterten, während sie diesem die wirtschaftliche und soziale Grundlage entzogen.

Der überwiegende Teil der von Jekyll geplanten Gärten befand sich im südöstlichen England, etwa ein Drittel in ihrem geliebten Surrey, einige im Norden Englands, wenige in Schottland. 1914 entstand erstmals ein Entwurf für einen in Amerika gelegenen Garten, nachweislich lieferte sie insgesamt Entwürfe für drei Gärten in den Vereinigten Staaten. Es könnten durchaus mehr gewesen sein, da viele Amerikaner Munstead Wood besuchten und sie enge Kontakte zum Garden Club of America pflegte. Wobei es nicht so einfach gewesen sein wird, ihre unter den klimatischen Bedingungen und Bodenqualitäten von Munstead Wood entwickelten Pflanzideen mit ihrem spezifischen Farbschema an andere Standorte anzupassen. Zugleich verwechselte Jekyll nie Quantität mit Qualität und war der Ansicht: »Die Größe eines Gartens hat im Grunde nichts mit seiner Schönheit zu tun. Es hängt vielmehr vom Herzen, vom Verstand und dem ernsthaften Bemühen des Besitzers ab, ob sein Garten reizvoll oder langweilig ist.«

Trotz all ihrer vielfältigen Aktivitäten war es, nach den überlieferten Dokumenten zu schließen, für Gertrude Jekyll zu keiner Zeit einfach, ausreichend Geld für die Unterhaltung ihres Anwesens und die Bezahlung ihrer Angestellten zu erwirtschaften. Sie war nicht reich wie etwa ihre Gartenfreundin Ellen Willmott, die ein Vermögen geerbt hatte und es vollkommen für ihre Gartenleidenschaft aufbrauchte. Oder wie William Robinson, der durch Immobilienspekulation und -entwicklung reich geworden war und beachtliche Einnahmen durch seine beiden Bücher erzielte. Als Siebenundvierzigjähriger kaufte er sich 1885 in West Sussex das Anwesen Gravetye Manor mit einem Elisabethanischen Haus und 1000 Acres Land (rund 400 Hektar). Ganz wie Gertrude Jekyll in Munstead Wood gestaltete er dessen Garten zu einem Musterbeispiel seiner Kunst. Darüber hinaus entwarf er nur etwa ein Dutzend weiterer Gärten und konzentrierte sich mehr auf seine Schriften.

Indem es Gertrude Jekyll gelungen war, ihre künstlerische Leidenschaft in ein geschäftliches Unternehmen, das Gartendesign und Gärtnerei auf das Beste verband, zu investieren, hatte sie sich nichtsdestoweniger eine bemerkenswerte Grundlage für ihr frei gewähltes Leben und Arbeiten geschaffen. Dann kamen Weltkrieg und Inflation. »Der Krieg hat mir ein verändertes Leben beschert. Die Kosten der Arbeit sind ruinös«, schreibt sie in einem Brief. Ihre Einnahmen waren rapide gesunken, sodass sie fürchtete, ihren Besitz nicht erhalten zu können. Sie fühlte sich krank, war fast erblindet und stark gealtert, wie Edwin Lutyens nach einem Besuch besorgt feststellte. Russell Page, Gartengestalter und Landschaftsarchitekt, besuchte sie 1931 und fand eine »plumpe Gestalt in einer schweren Gärtnerschürze, deren Vitalität aus einem Gesicht leuchtet, das hinter zwei Brillen und einem abgenutzten und vergilbten Strohhut halb verborgen ist«.

Die Verhältnisse hatten sich umfassend geändert. Die privaten Vermögen schmolzen zusammen, große Häuser und weitläufige Gärten erforderten viele Arbeitskräfte, die sich zahlreiche Besitzer nicht mehr leisten konnten, etliche Anwesen standen zum Verkauf, da viele Erben im Krieg gefallen waren. Die Architektur der Moderne strebte nach Sachlichkeit, die sich in serienmäßig produzierten

Bauelementen ausführen ließ. Die Gärten wurden kleiner, und Arbeitsersparnis war überall gefordert.

Der Garten von Munstead Wood war in der Tat zwischen 1890 und 1914 auf dem Höhepunkt seines gestalterischen Ausdrucks, wie die Biografin Jane Brown betont. Nach dem Krieg arbeitete Jekyll an einigen Projekten erneut mit Lutyens zusammen. Er bat sie insbesondere um Unterstützung in der Bepflanzung für die von ihm gestalteten Kriegsgräberfriedhöfe. Sie versuchte hierbei, wenn möglich, jene Pflanzen auszuwählen, die in den Ländern und Regionen wuchsen, aus denen die Gefallenen stammten. Mitte der 1920er-Jahre entwarf die über Achtzigjährige jährlich nach wie vor acht bis zehn neue und betreute ebenso früher angelegte Gärten. Die letzten Jahre verbrachte sie jedoch sehr zurückgezogen und kränklich. Am 8. Dezember 1932 verstarb sie in Munstead Wood.

Das Anwesen erbte letztendlich ihr Neffe Francis Jekyll, Sohn ihres Bruders Herbert und dessen Frau Agnes, der die Gärtnerei bis 1941 betrieb, aufgrund des Krieges und der fehlenden Arbeitskräfte jedoch aufgeben musste. Der Familie war es nach dem Zweiten Weltkrieg nicht möglich, das Anwesen zu halten. 1948 wurde es verkauft, und die sorgfältig zusammengetragenen grünen Kostbarkeiten wurden in alle Winde verstreut. Das Wohnhaus mit dem umliegenden Gartenbereich verblieb als Einheit, wohingegen der Arbeitsgarten dreigeteilt wurde. Bis zu seinem Tod 1965 konnte Francis Jekyll in *The Hut* leben, dem kleinen Gartenhaus, von wo aus seine Tante einst den Bau ihres Wohnhauses verfolgt hatte. Viele Besitztümer wurden auf Auktionen veräußert, doch durch Stiftungen und Schenkungen ist manches bewahrt worden. Schreib- und

Pflanztisch von Gertrude Jekyll befinden sich heute im Londoner Garden Museum.

Der größte Schatz, nämlich die von Gertrude Jekyll angefertigten Gartenpläne und ihre Fotoalben, befindet sich heute weit von seinem Entstehungsort entfernt. 1948 kaufte die amerikanische Landschaftsarchitektin Beatrix Farrand die umfangreiche Sammlung für ihre Reef Point Garden Library, von wo sie später in die Environmental Design Archives der University of California, Berkeley, gelangten.

Gartenbegeisterte fragen sich, warum Gertrude Jekyll keine Vorkehrungen traf, Munstead Wood über ihren Tod hinaus zu bewahren. Ihren Äußerungen nach war ihr Garten für sie eine sehr persönliche künstlerische Schöpfung, die wie das menschliche Leben selbst dem Wandel und dem Vergehen unterlag. Wie konnte eine solche Kreation ohne die Person existieren, die sie, eingebettet in die spezifische Ideenwelt ihrer Epoche, geschaffen hatte? Bleibt nicht ein Garten stets ein lebendes Kunstwerk im Wandel der Jahreszeiten und Moden? Schriften und Fotografien haben ihre Ideen weitergetragen. Vielleicht konnte Gertrude Jekyll ihr Werk auf diese Weise weit besser erhalten, war sie sich doch sicher, es sei »das dauerhafte Glück, das die Liebe zu einem Garten schenkt. Denn die Liebe zum Garten ist ein Samen, der, einmal gesät, niemals stirbt.«

Zweifelsohne war die Arts-and-Crafts-Bewegung in gewisser Weise von einer Idealisierung getragen. Wenn Gertrude Jekyll als Künstlerin und Gärtnerin deren Ideale auch teilte, war sie zugleich eine sehr praktische und im wahrsten Sinne des Wortes geerdete Persönlichkeit.

Sie interessierte sich für das Leben der Menschen in einer Zeit, die für große Teile ihrer Zeitgenossen von Tag zu Tag mehr zur Vergangenheit wurde. Die Tatsache, dass sie keinerlei Vorkehrungen zur Konservierung ihres Gartens traf, lässt sich auch dahingehend verstehen, wie bewusst sie sich war, dass längst eine andere Zeit angebrochen war – mit anderen Vorstellungen von Technik, Schönheit und Lebensart. Die wirtschaftlichen und sozialen Gewissheiten der edwardianischen Ära hatten sich aufgelöst. Gärten wurden für viele Menschen zu kleinen Paradiesen des Rückzugs in eine friedliche, überschaubare Welt. Manuelle Arbeit war teuer, sodass so mancher selbst die Gartenarbeit übernahm. Gertrude Jekyll hatte ihren Beitrag dazu geleistet, Frauen Möglichkeiten beruflicher Entwicklung und somit zu mehr Unabhängigkeit aufzuzeigen und Gärtnern im Einklang mit Natur und Kunst zu propagieren. Wie sehr die Nachgeboren dies schätzen oder nutzen würden, lag nicht mehr in ihrer Hand.

Aber sie war sich sicher: »Und während die Jahre schnell vergehen und der Körper um das noch junge Herz herum altert und der Tag des Todes immer näher rückt, kommen mit jeder neuen Frühlingszeit die süßen Blumen hervor und blühen neu […].«

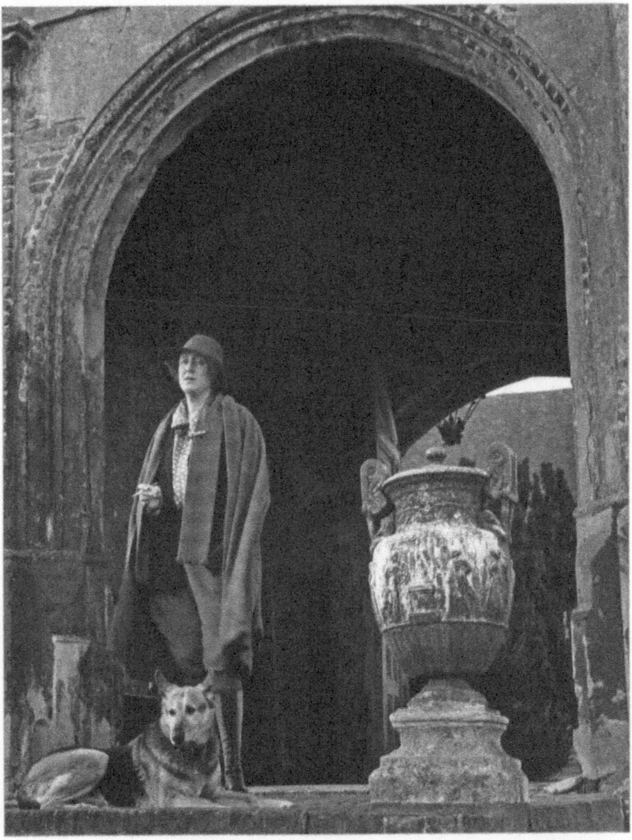

*»Ich habe mich verliebt; Liebe auf den ersten Blick. Ich sah, was daraus gemacht werden konnte. Es war Dornröschens Garten …« Vita Sackville-West*

## *Im Garten leben*
## *Vita Sackville-West (1892–1962)*

### *Die gärtnernde Lady*

»Miss Jekyll ziemlich fett und mürrisch«, schreibt Vita Sackville-West nach ihrem Besuch am 25. August 1917 in Munstead Wood. Ihre Mutter, Lady Sackville, war eine Freundin von Edwin Lutyens – und seine Freunde mussten die hochverehrte Miss Jekyll kennenlernen. Dass die Mittsiebzigerin, die angesichts von Krieg und Inflation um ihr Lebenswerk fürchtete, kaum in bester Stimmung gewesen sein wird, ist wenig verwunderlich. Die junge Aristokratin und Schriftstellerin, wohlsituiert, voller Energie und schöpferischem Elan, hatte gerade erst begonnen, sich mit dem Gärtnern zu beschäftigen. War sie von der älteren Garten-Lady auch kaum angetan, so urteilt sie über deren Reich weit differenzierter: »Der Garten ist nicht in seinem besten Zustand, aber ich kann sehen, dass er schön sein muss.«

Wer hätte sich zu dieser Zeit vorstellen können, dass Vita Sackville-Wests zukünftiger Garten einmal berühmt und für zahllose Reisende ein Sehnsuchtsort sein würde? Dennoch wurzeln die Gartenideen von Vita Sackville-West auch in Munstead Wood.

Während Letzterer der verwirklichte Lebenstraum einer hochbegabten Künstlerin war, verkörpert der Garten von Sissinghurst bei genauem Blick den Traum eines ungewöhnlichen Paares. Dieses Refugium mit seinen charakteristischen Gartenzimmern – ein Begriff, den Vita Sackville-West selbst prägte –, in denen sich in der Tat das Leben der Familienmitglieder abspielte, bis hin zur Extravaganz des wohlkomponierten Weißen Gartens, hält die Erinnerung an ein schreibendes, gärtnerndes Paar wach. Sie in Kniebundhose aus Kammgarn, hohen Stiefeln mit einem Schaft aus Segeltuch und einer nach ihren Entwürfen eingenähten Tasche für Gartenscheren, dazu in seidener Bluse, grober Jacke oder Strickjacke aus der Wolle der eigenen Jakobschafe, geschmückt mit Perlenkette und Ohrringen. Er ein geschäftiger Londoner, ganz vollendeter Gentleman in Manieren und Auftreten, der sich übers Wochenende traditionell aufs Land zurückzog. Hätten sich die beiden vorstellen können, als Schöpfer und Schöpferin dieses grünen Kunstwerks unsterblich zu werden?

Energisch verwarf die Schriftstellerin jedenfalls den Gedanken, »diesen schrecklichen Garten«, wie sie ihren Lebenstraum liebevoll scherzend nannte, dem National Trust anzuvertrauen, obwohl sie diese Organisation doch unterstützte und ein Gründungsmitglied von deren Gartenkomitee war. Sie vererbte Sissinghurst an ihren Sohn Nigel, der ihn wiederum dem National Trust anbot. Waren auch nicht alle Mitglieder dafür, so übernahm der National Trust doch den Besitz. Durch die kluge Entscheidung ihres Sohnes wachen dessen Verantwortliche schon über ein halbes Jahrhundert über den Garten und regulieren behutsam die Besucherströme, um die fragile Schönheit des Gartens zu erhalten.

Wer Englands meistbesuchten Garten betrachtet, reist durch die Zeit, durchschreitet zugleich Jahrhunderte mit guten und weniger guten Jahren. Sind da nicht die Rufe der Bauern und Jäger zu hören? Schüsse, Pferdegetrappel, Hundegebell? Klappert es nicht in den Küchen und Kammern? Wer alles mag seit dem Mittelalter hier entlanggelaufen sein? Selbst der berühmte Künstler, Historiker und Politiker Horace Walpole war im 18. Jahrhundert auf dem Anwesen, wobei er es als »ein verkommenes Haus und einen zehnmal so heruntergekommenen Garten« bezeichnete. Auf berührende Weise erfasste Vita Sackville-West diese zeitlos fließende Atmosphäre 1931 in dem Gedicht *Sissinghurst*, wenn sie von einem »müden Schwimmer in den Wellen der Zeit« spricht, der »durch Jahrhunderte hinab in ein anderes Land« sinke und, »begraben in Zeit und Schlaf [...], das Schloss und die Rose« finde.

Der Gartenführer empfiehlt, auf den Turm zu steigen, einen der ältesten Bestandteile des Castle, um sich einen Überblick zu verschaffen. Wie ein Tafelbild liegt der Garten vor einem. Der Blick weitet sich und schweift über die Felder und Wiesen von Kent. Hier ist das fünfzig Meilen weiter nördlich gelegene London Welten entfernt; auch die etwa zwanzig Meilen weiter südlich gelegene Küste zum English Channel scheint vergessen. Wenn der Turm erst in den 1560er-Jahren erbaut worden sein sollte, kann Königin Mary bei ihrem Besuch im Jahr 1557 hier nicht gestanden haben, während es gut vorstellbar ist, wie Königin Elizabeth I. im August 1573 dieselben Stufen hinaufstieg, um diesen Ausblick zu genießen. Als Vita Sackville-West und Harold Nicolson das verwilderte Anwesen kennenlernten, müssen sie schon all diese historische Präsenz gespürt haben. In einem Brief an seine Frau äußert Harold Nicolson, Sissinghurst Castle sei ein Teil »unseres romantischen sächsischen, römischen Tudor Kent«.

Wer die Treppen des Turms hinaufsteigt, ist nicht nur wegen des Ausblicks erwartungsfroh. Etwas unvermittelt steht man, oben angekommen, an einem vergitterten Eingang und blickt in das Arbeitszimmer der Schriftstellerin. Auf dem Schreibtisch sind die Fotografien ihres Mannes und von Virginia Woolf (1882–1941) zu sehen. Ein Strauß bunter Blumen steht in der Mitte. Rechts dahinter befindet sich der Kamin mit allerlei Gläsern und Kerzenleuchtern, meist in bläulich türkiser Farbe. Ringsherum sieht man Bücherregale, Bilder hängen an den Wänden, und hier und da stehen weitere Vasen, gefüllt mit Blumen aus ihrem Garten. Alles wirkt so freundlich und einladend, weniger museal, vielmehr als wenn die Schriftstellerin für einen kurzen Wochenendbesuch bei Freunden ihr Domizil verlassen hätte.

Schreiben war für Vita Sackville-West Leben. Schreibend fühlte sie sich mit der Vergangenheit verbunden, insbesondere mit der der eigenen Familie und mit Knole House, dem Schloss, in dem sie aufgewachsen war und dessen Verlust sie nie verschmerzte. Mit ihrem 1930 erschienenen Roman *The Edwardians* (dt. *Schloss Chevron*) setzte sie diesem ein literarisches Denkmal. Sie strebte aber vor allem danach, als Lyrikerin anerkannt zu werden, und bekannte leidenschaftlich: »Ich bin so furchtbar, wahnsinnig aufgeregt, wenn ich Gedichte schreibe. Es ist das Einzige, das mich wirklich und gänzlich glücklich macht.« Tatsächlich verlieh man ihr neben anderen Auszeichnungen sogar zweimal den renommierten Hawthornden-Preis, Großbritanniens ältesten Literaturpreis, und zwar 1926 für ihr Gedicht *The Land* und 1933 für ihre *Collected Poems*. Bis heute hat nur sie diesen Preis zweimal erhalten.

Mit dem epischen Gedicht *The Land* drückte Vita Sackville-West auf berührende Weise ihre Liebe zum Leben auf dem Lande aus, ganz unsentimental und aus der bewussten Wahrnehmung und Kenntnis der Abläufe im jahreszeitlichen Wechsel auf den Feldern, Fluren, Wäldern und Dörfern heraus. Ihr Gedicht wurde von vielen als die Biografie einer Landschaft im frühen 20. Jahrhundert gewürdigt, als ein großer Teil der Menschen das Land längst gegen das Leben in der Stadt eingetauscht hatte und mancher auf unbestimmte, teils wehmütige Weise auf das Leben der Großeltern zurückblickte.

Auch ihre Romane und Reisebücher fanden ein breites Publikum und wurden mehrfach neu aufgelegt. Vor dem Zweiten Weltkrieg war sie bereits eine auch kommerziell erfolgreiche Schriftstellerin, deren Ruhm unter ihren Zeitgenossen den ihrer Freundin Virginia Woolf überstrahlte.

Ganz anders, als sie erwartet haben mag, erscheinen bis heute vor allem ihre Gartenbücher regelmäßig in Neuauflagen und werden von jeder nachwachsenden Generation gärtnernder Enthusiasten mit Freude gelesen. Ihre Gartenkolumnen inspirieren gärtnernde Leser und lesende Gärtnerinnen bis heute und haben Maßstäbe gesetzt. Sie war ganz und gar keine »Bibliotheksgärtnerin«, wie einst ein Leser monierte. Sie verfügte über botanische Kenntnisse wie praktische Erfahrung und besaß das große Talent, witzig, charmant, unterhaltsam, lebendig und gescheit zu schreiben, da sie von der Leidenschaft für jede noch so unscheinbare Pflanze erfüllt und von deren Schönheit fasziniert war. Zumindest bis auf wenige Ausnahmen wie etwa Rhododendron oder Pampasgras, mit denen sie sich ihr ganzes Leben lang nicht anfreunden konnte, wohingegen ihr Mann etwa Buddleia nicht mochte.

Schnell sprach sich herum, wo die unterhaltsame Kolumnistin gärtnerte, sodass ihr Refugium bald zum Reiseziel und Sehnsuchtsort werden sollte. Ihr Garten bewahrt die Erinnerung an sie, ist für viele auf das Engste verwebt mit der romantischen Idee vom eleganten, luxuriösen Leben mit verfeinerten Sitten, gebildeter Konversation, mit Reichtum, der den *British Lifestyle* prägte. Es ist schon erstaunlich, was für Assoziationen ein Garten wecken kann.

Längst ist der Garten jedoch ein anderer als zu Zeiten seiner Schöpfer. Mit ihnen war ihr Garten gealtert, manche Hecke zu hoch und zu breit, der Boden stellenweise ausgelaugt. Unter Graham Stuart Thomas, dem Gartenberater des National Trust, begannen behutsame Korrekturen wie Heckenrückschnitte und Neuanpflanzungen. Als die beiden noch von Vita Sackville-West 1959 eingestellten Gartenmeisterinnen Pam Schwerdt und Sibylle Kreutzberger in den 1980er-Jahren den Pflanzenbestand katalogisierten und verglichen, ließen sich die Veränderungen gut nachvollziehen. Zahlreiche Sträucher und Mauerpflanzen wuchsen noch dort, wo sie zu Lebzeiten von Vita Sackville-West gestanden hatten. Doch von den Pflanzen, die sich nun im Garten befanden, wuchs 1959 noch kein Drittel in Sissinghurst. Dafür hatte sich die Blüte der meisten Gartenräume vom Frühjahr bis in den Herbst hinein verlängert, was inzwischen durch blühfreudige Neuzüchtungen möglich geworden war. Auch durch Unwetter, Umgestaltungen und Anpassungen an das große Besucheraufkommen veränderte sich der Garten. Zugleich blieb der Rahmen des Gartenkunstwerks vorhanden, wird bis heute sorgfältig und liebevoll gepflegt und geschützt. Ob die einstige Schöpferin *ihr Werk* heute wiedererkennen würde?

Long Barn in Kent, nahe der Stadt Sevenoaks, war das erste Anwesen, das Vita Sackville-West gemeinsam mit Mann und Söhnen bewohnte. Den Ausschlag, sich hier niederzulassen, gab dessen Nähe zu Knole. Auf Knole House, dem wohl größten privaten Landschloss Englands, war Victoria Mary Sackville-West als Tochter von Lionel, 3rd Lord Sackville, und seiner Frau Victoria am 9. März 1892 geboren worden. Da die Eltern Cousin und Cousine und die Großväter Brüder waren, entstammte die junge Frau in männlicher wie weiblicher Linie der Dynastie der Sackvilles, die einige beeindruckende und tatkräftige Frauen aufzuweisen hatte. Knole House und ihren Ahnen fühlte sich Vita Sackville-West ihr Leben lang eng verbunden. Zugleich fühlte sie sich durch ihre Großmutter mütterlicherseits, eine spanische Tänzerin, ebenso Spanien sehr nah.

Diese zwei Aspekte ihrer Herkunft bestimmten ihre Sicht auf die Vergangenheit und die Gegenwart und prägten ihren stilistisch-ästhetischen Geschmack. Sie verband die Schönheit der malerischen englischen Landschaft mit der feurigen Glut der spanischen Sonne, vereinte *Englishness* und *Spanishness* in sich, war kreativ und energisch, melancholisch und traurig, lebte zurückgezogen und suchte das Abenteuer. Sie war eine auffallende Erscheinung, auf eine exotische Art schön, groß gewachsen und schlank, liebte elegante Kleidung, war gewandt und charmant in der Konversation. Die Schriftstellerin Virginia Woolf formuliert in wenigen Worten ihren Reiz: »Ich mag sie, ich mag das Zusammensein mit ihr und ihre Brillanz – sie leuchtet. Das ist das Geheimnis ihres Zaubers.«

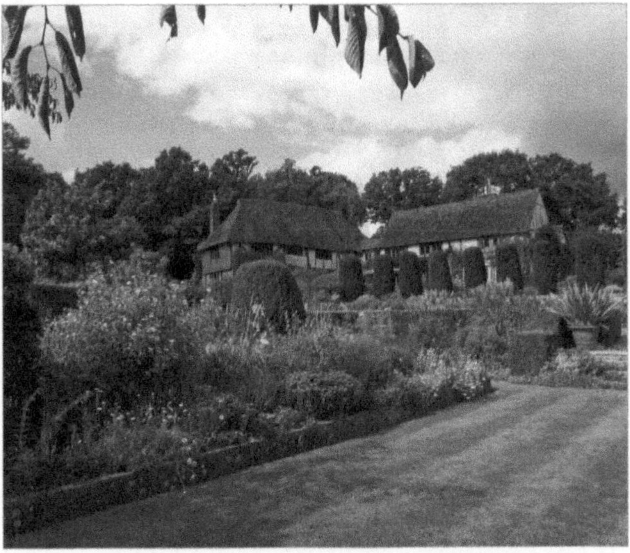

*Long Barn in Kent – der erste Familiensitz von Vita Sackville-West und ihrem Mann Harold*

Das stattliche Knole House mit sieben Höfen, zweiundfünfzig Treppenhäusern und dreihundertfünfundsechzig Zimmern war umgeben von einem vielgestaltigen Garten und weitläufigen Ländereien. Es erschien wie eine eigene, in sich geschlossene Welt. Erbaut als bischöflicher Palast, kam es in königlichen Besitz, bis Königin Elizabeth I. es ihrem Vetter Thomas Sackville schenkte. In den endlosen Räumen voller Gemälde, Tapisserien und Schmuckgegenstände schlenderte die kleine Vita oft einsam umher, während sie in ihrem Geist fantasievolle, abenteuerliche Geschichten ersann. Kunstvoll arrangierte Blüten schmückten in teuren Vasen Tische und Kommoden und erfüllten die Luft mit ihrem Duft. Durch die Fenster erblickte sie den Garten, lange vor Ankunft der Sackvilles angelegt. In einem Gedicht über Knole heißt es:

> Jeden Tag trank ich lachend die Strahlen,
> fing sie mit den Händen ein,
> stopfte sie in meinen Mund.

Auch das zauberhafte Gartenreich durchstreifte sie einsam mit nachdenklichem, aber wachem Blick auf das wandelbare Grün, und in einem kleinen Sommerhaus am Senkgarten schrieb sie Verse. Sie blieb das einzige Kind ihrer Eltern. Die junge Vita wuchs in dem Bewusstsein heran, Knole House eines Tages verlassen zu müssen, denn als Frau konnte sie wegen der männlichen Erbfolge weder Besitz noch Titel erben.

Gewiss hätte die standesbewusste Aristokratin einen ebenbürtigen Partner wählen können, um an der Spitze eines ebenso noblen Landsitzes zu repräsentieren. Angebote gab es reichlich. Sie wählte nach anderen Kriterien und heiratete 1913 den Diplomaten Harold Nicolson (1886–1968). »Mir gefielen seine ungebändigten braunen Locken, seine lachenden Augen, sein charmantes Lächeln und seine Jungenhaftigkeit«, erinnert sie sich an ihren ersten Eindruck von ihm. Nach seinem Tod nannte ein Oxforder Rektor ihn »einen Mann des 19. Jahrhunderts, der in der Mitte des 20. ein Leben des 18. Jahrhunderts« geführt habe. Wenn auch von adeliger Herkunft, stand ihr Mann nach den Maßstäben ihrer Klasse jedoch weit unter ihr. Ihre Eltern waren enttäuscht, und ihre Söhne würden sich stets zuerst als Sackvilles fühlen.

Die Jungvermählte folgte ihrem Mann zu dessen Dienstort nach Konstantinopel und erfreute sich dort an einem ersten kleinen, aber romantischen Garten, den sie gemeinsam anlegten. 1914 kehrte das Paar zurück, im August wurde ihr erster Sohn Benedict geboren, im darauffolgenden Frühling kauften sie das Anwesen Long Barn, und im Januar 1917 kam ihr zweiter Sohn Nigel zur Welt. Alles schien wohlgeordnet. In ihrem ersten Landhaus beschäftigte sich die zweifache Mutter ihren poetischen und literarischen Texten, erlangte Anerkennung und Popularität, empfing Gäste und nahm am gesellschaftlichen Leben teil. Während sich ihr Mann seinen diplomatischen Aufgaben widmete, wie etwa den Versailler Friedensverhandlungen, blühten im Garten im Wandel der Jahreszeiten die ersten Narzissen, Rosen und Iris, reiften die ersten eigenen Äpfel, tollten die heranwachsenden Kinder. »Ich selbst habe erst recht spät mit der Gartenarbeit begonnen«, notiert sie 1938. Ermuntert hatte sie ihre Mutter, die das Gärtnern für eine durchaus akzeptable Beschäftigung für eine Lady ihres Standes erachtete. Sie war Anfang zwanzig, als sie sich wie eine Landedelfrau mit Pflanzen beschäftigte, um für sich und ihre Familie einen idyllischen Rückzugsort zu erschaffen. Zugleich besaßen sie eine Wohnung in London und verbrachten oft Zeit in Knole House. Zwar besuchte sie gelegentlich ihren Mann an dessen Dienstorten in Teheran oder Berlin, wollte aber keinesfalls das Leben einer Diplomatengattin fern von England führen.

Long Barn bestand zunächst aus einem für Kent typischen alten Bauernhaus, umgeben von ca. drei Acres (rund 1,2 Hektar) Land. Die Nicolsons ließen eine alte Scheune von einer nahen Farm umsetzen, womit ein L-förmiges Ensemble mit genügend Platz für Wohn- und Arbeitsräume samt großem Gesellschaftszimmer entstand. Vom Haus fiel das Gelände sanft ab und eröffnete einen weiten Blick in die Landschaft des Weald of Kent mit Wäldern und Fluren. Das Ambiente war also überaus englisch, historisch, romantisch – und verwandelte sich in die Kulisse, vor der das Paar Formen seines Zusammenlebens auf emotionaler und schöpferisch-ästhetischer Ebene entwickelte und zudem die Ehekrise bewältigte, die in den Jahren der Liebesbeziehung zwischen Vita Sackville-West und Violet Trefusis (1894–1972) das gemeinsame Leben dominierte.

Die Nicolsons legten eine Terrasse und Rabatten in gerader Linienführung an, rahmten mit Mauern Gartenbereiche ein und inszenierten durch Statuen stimmungsvolle Areale. Den kontrastierenden Hintergrund bildeten Rasenflächen, Wege erschlossen das Terrain, und Sichtachsen boten Ausblicke in die umgebende Landschaft. Es gab wildere Bereiche und eine Obstwiese, einen Teich, später zum Pool ausgebaut, wobei Vita Sackville-West viele Elemente und Pflanzen des Gartens mit ihren Erinnerungen an Erlebtes und Gesehenes verband. In den ersten Jahren beschäftigte sie sich mit Fragen wie wann Lilien oder Thymian zu pflanzen oder welche Rosen gute Kletterer seien. Sie skizzierte, legte Pflanzlisten an, ließ sich Kataloge zusenden, besuchte Gärtnereien und tauschte sich in den Briefen mit ihrem Mann über ihre Ideen aus. Sie, die Schreibende, pflanzte »Blumen, die englische Dichter besangen«: Rosen, Iris, Narzissen, Stockrosen, Goldlack, Lavendel, Akelei ... Es sollte nicht lange dauern, bis Schönheit, Eleganz und Düfte die Beete und Rabatten erfüllten, bereits mit diesem Hauch leichter Opulenz. Ihrem Mann schreibt sie glücklich: »Der Wald ist ein Feuerwerk von Primeln, Anemonen, Tulpen, Azaleen, Schwertlilien, Polyanthus. Die Rosskastanie strotzt vor Leben. Der Apfelgarten ist eine Masse von Lupinen und Schwertlilien. Die Mauern sind noch ziemlich kahl, aber alles gedeiht gut. Die Grasnarbe ist perfekt. Der neue, untere Rasen ist fast das Schönste von allem – so glatt und grün und eben. Alle Kanten sind gerade und ordentlich. Der obere Teil der Mauer ist so schön, wie ich ihn noch nie gesehen habe. Die Rosen sind wunderschön gestutzt, der Flieder steht in voller Blüte. Dein Geißblatt an der großen Zimmertür auch.«

Poetisch erfasst sie ihre kreative-kreatürliche Lebensweise in dem frühen Gedicht *Sonett* (1921):

> Mein Garten ist übervoll von Rosen,
> mein Geist ist übervoll von Versen,
> und einer trunkenen Honigbiene gleich schwirre ich
> vom Haus zum Garten und wieder zum Haus,
> und schwankend, welche Wonne die Größere sei,
> labe ich mich abwechselnd an Versen und an Rosen.

Augenblicklich müssen in Munstead Wood Gertrude Jekylls Rosen sie verzaubert haben, denn bald rankten Sorten wie ›Albéric Barbier‹, ›Gloire de Dijon‹, ›Madame Isaac Pereire‹ und die wundervolle Noisetterose ›Madame Alfred Carrière‹ empor, die das Schlafzimmerfenster der jungen Gärtnerin mit einem Meer zarter, duftender Blüten umrahmte. Rosen wuchsen bald an den Mauern entlang, umspielten Aussichten, waren unterpflanzt mit Katzenminze in Beeten, manche gediehen in Töpfen oder verbanden sich zu Hecken. Wie Jane Brown, die eine gärtnerische Biografie von Vita Sackville-West verfasste, beim Lesen der Gartennotizbücher bemerkte, setzte Vita Sackville-West all jene Rosen, die Gertrude Jekyll immer wieder in ihren Bepflanzungsplänen verwendete. Die Biografin vermutet, sie könnte sich deren Namen in Munstead Wood notiert haben oder hätte eine Liste erhalten. Auch aromatischer Rosmarin wuchs bald an Türen und Toren, ganz wie Jekyll es empfahl, damit dessen Zweige beim Vorbeigehen sanft durch die Finger gleiten konnten.

Vita Sackville-West ließ sich außerdem von Eindrücken auf ihren Reisen in Europa und Asien inspirieren. Sie verfügte über einen geübten Blick für Pflanzen, deren Schönheit sie bewunderte und liebte, was sich auch auf ihren beiden Reisen nach Persien in den Jahren 1926 und 1927 zeigte. Sie war bezaubert von der Zartheit der Wildblumen, etwa jener wild wachsenden Kaiserkronen, die ihre Vorstellungen von Gartenkultur anhaltend prägten. »Ich hatte einmal das völlig unverhoffte Glück, in die ursprüngliche Heimat der Kaiserkrone zu geraten: eine dunkle, feuchte Schlucht in einer der wildesten Gegenden Persiens. [...] mitten in diesem feuchten Überfluss entdeckte ich plötzlich eine Gruppe der edlen Blumen. Ihre

Kronen aus orangefarbenen Glocken glühten wie Laternen in den schattigen Bereichen dieses geheimnisvollen Orts.« Sie ergänzt in ihrer Erinnerung: »Wie edel sie aussahen! Wie sehr sie ihren Namen verdienten! Kaiserkrone – sie ließen tatsächlich an ein orangefarbenes Diadem denken, das sich gut auf der Stirn des Herrschers eines Kaiserreichs gemacht hätte.«

Fasziniert war sie ebenso sehr von Tulpen, die seit langer Zeit in persischen Gärten blühten, Englands Gärten aber erst so spät erreichten, dass Shakespeare sie wohl nie sah. Als eindrucksvoll erlebte sie die Atmosphäre dieser nach außen abgeschlossenen persischen Gärten, die sich als ein wahres Paradies hinter Mauern verbargen und wie ein *Hortus conclusus* still und symmetrisch geordnet das Chaos der Welt aussperrten.

In der Gartengestaltung wie ihrem ästhetischen Geschmack war Vita Sackville-West zugleich stark beeinflusst von der Architektur und Kunst von Florenz, einer Stadt, die sie als junge Frau wiederholt besucht hatte. Jane Brown nennt den Garten von Long Barn denn auch eine rustikale englische Version eines italienischen Villengartens.

Die Idylle von Long Barn wurde jäh zerstört, als Vita Sackville-West einen abenteuerlichen Ausbruch mit ihrer Geliebten Violet Keppel wagte, der Tochter von Alice Keppel, einer langjährigen Geliebten König Eduards VII. In der Liebe zu einer anderen Frau entdeckte sie bisher nicht erlebte Gefühle von Romantik, Sinnlichkeit und Abenteuer und machte neue Erfahrungen der Selbstwahrnehmung, die sie elektrisierten. Die von patriarchalischen Machtstrukturen dominierte Gesellschaft brandmarkte Homosexualität offiziell als skandalös und verfolgte sie strafrechtlich. In diversen künstlerisch-intellektuellen Kreisen konnten gleichgeschlechtliche Beziehungen jedoch mehr oder weniger offen gelebt werden, während die Literatur ein wachsendes Interesse an einer öffentlichen Diskussion reflektierte, wie es 1928 bei Erscheinen des richtungsweisenden Romans *The Well of Loneliness* (dt. *Quell der Einsamkeit*) von Radclyffe Hall sichtbar wurde.

Die Liebe zwischen Frauen war hundert Jahre zuvor noch als romantischer Freundschaftsbund betrachtet worden. Sie fand im Privaten statt und bedrohte keineswegs die männliche Dominanz. Ab der Mitte des 19. Jahrhunderts begannen sich Wissenschaftler für Homosexualität zu interessieren, wobei sie bald Argumente lieferten, um, nach ihren Maßstäben, in übertriebener Weise nach Bildung und Selbstständigkeit strebende Frauen als »unweiblich« und »abnormal« zu charakterisieren. Um 1900 galt den Sexualforschern eine Frauen liebende Frau als eine ihre traditionelle Rolle ablehnende, die stattdessen in die Männern vorbehaltenen Bereiche vordringen wolle. Eine Lesbierin fühle sich nach dieser Definition geschlechtlich als Mann, trage bevorzugt männliche Kleidung und Haarschnitt und trete mutig, herrisch und selbstsicher auf.

In den Metropolen wie Paris und Berlin existierte in den 1920ern und 1930ern bald eine lesbische Subkultur, und die androgyne Frau kreierte in Salons, Casinos und auf der Kinoleinwand einen Modetrend à la Marlene Dietrich und Greta Garbo. Währenddessen lebten Frauen mancherorts oft unentdeckt zusammen, wobei sich bisweilen eine der beiden nach außen hin als Mann ausgab. Einigen gelang es, ausgestattet mit gefälschten Dokumenten, als Mann ihre Gefährtin zu heiraten. Wobei es in der Natur der Sache liegt, dass ein solches Leben kaum Spuren hinterlassen hat, außer wenn es aufflog und die Presse von derartigen »skandalösen Verhältnissen« berichtete.

Die Liebesaffäre von Vita Sackville-West und Violet Keppel erstreckte sich über die Jahre 1918 bis 1921, währenddessen beide immer wieder ihre Familien verließen. Mehrere Monate lang lebten sie in Paris oder Cannes zusammen. Vita Sackville-West trug dabei mitunter Männerkleidung und nannte sich Julian oder trat als Soldat mit Kopfverband auf. Violets Mutter zwang ihre Tochter 1919, den Berufssoldaten Denys Trefusis zu heiraten. Erneut flohen beide Frauen nach Frankreich, gefolgt von ihren Männern im Privatflugzeug, um sie zurückzuholen und den Skandal zu beenden. Vita Sackville-West löste sich erst langsam von ihrer Geliebten, nachdem sie begriffen hatte, dass Violet mit Denys Trefusis nicht nur platonisch zusammenlebte, anders als sie geschworen hatte. Während sie diese Liebe später einen »Wahnsinn« nannte, sollte sie für Violet ihre *grande passion* bleiben. »Ich habe dich geliebt als mein Ideal«, schreibt sie rückblickend, »meine Inspiration, meine Vollendung.«

Die spätere Veröffentlichung sehr persönlicher Texte aus dieser Zeit gibt einen Einblick in die widersprüchliche Gefühlswelt von Vita Sackville-West. Da waren auf der einen Seite lebenslang die zahlreichen Liebesbeziehungen zu anderen Frauen, die sie genoss und doch als etwas Falsches, Unnatürliches in sich selbst bewertete. Demgegenüber stand ihre Liebe zu Harold Nicolson als die »richtige« Art dieses Gefühls, die offensichtlich aber nicht all ihre Sehnsüchte und Empfindungen erfüllen konnte.

Endgültig zurückgekehrt nach Long Barn, setzte Vita Sackville-West das Schreiben und Gärtnern fort, und bald entspann sich eine neue große Liebesgeschichte, die in die Weltliteratur eingehen sollte. Als Virginia Woolf die zehn Jahre Jüngere im Dezember 1925 auf Long Barn besuchte, begann ihre gemeinsame Zeit der Liebe und innigen Vertrautheit, deren Höhepunkt im Jahr 1928 das Erscheinen von Woolfs Roman *Orlando* kennzeichnete. Wenn der junge Adelige Orlando, der literarische Held, mehrere Jahrhunderte durchlebt, die Welt bereist und sich schließlich in eine Frau verwandelt, erzählt Virginia Woolf damit die fiktive Biografie ihrer Freundin. Dabei erfasst sie deren facettenreichen Charakter in beiden Rollen, als Mann und Frau. Nigel Nicolson bezeichnete den Roman später daher auch als den »längsten und charmantesten Liebesbrief der Literaturgeschichte«.

Die Schriftstellerin Virginia Woolf verband mit Vita Sackville-West eine vielschichtige, manchmal komplizierte Beziehung. Woolf fühlte sich schon bei ihrer ersten Begegnung 1922 von der körperlichen Attraktivität der Jüngeren angezogen. Sie sei eine »schöne, begabte Aristokratin«, deren Benehmen dem von Schauspielerinnen ähnlich sei – »keine falsche Schüchternheit oder Bescheidenheit«. Weiter heißt es, sie sei »ein Grenadier: hart, gutaussehend, männlich«. Je näher sich beide Frauen kamen, umso intensiver nahm Virginia Woolf auch die so ungewöhnliche und fest verankerte Beziehung zwischen Vita Sackville-West und Knole House wahr, übersetzte sie in ein literarisches Motiv in *Orlando* und sicherte der Freundin das Geburtshaus gleichsam als ihren unvergänglichen Besitz. Wenige Monate vor dem Erscheinen des Romans war Lord Sackville im Januar 1928 verstorben – und Knole House für Vita Sackville-West für immer verloren.

Auch nachdem die Leidenschaft verklungen war,

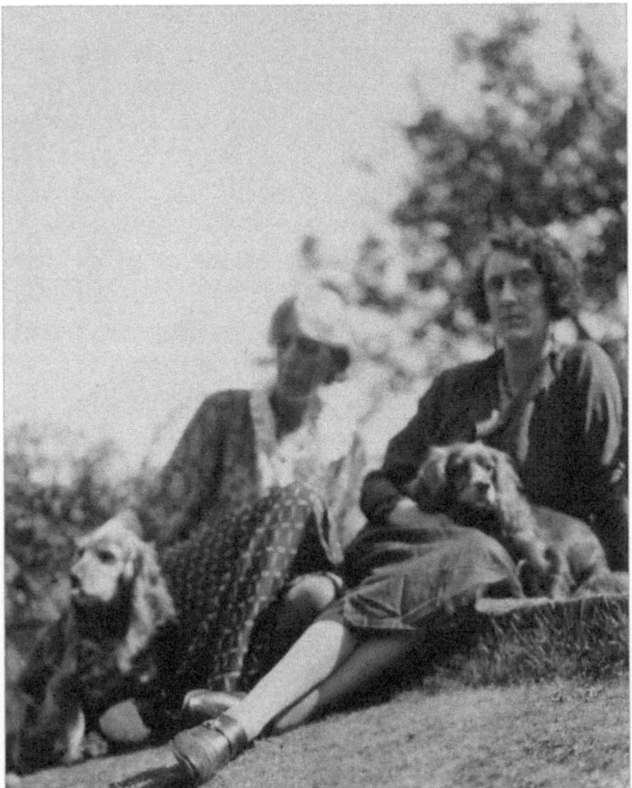

*»Ich mag sie, ich mag das Zusammensein mit ihr und ihre Brillanz – sie leuchtet. Das ist das Geheimnis ihres Zaubers.« Virginia Woolf über Vita Sackville-West*

blieben sich beide freundschaftlich eng verbunden und inspirierten sich gegenseitig in ihrer literarischen Arbeit. Das mag manchen erstaunt haben. Nach Ansicht von Leonard Woolf, Virginia Woolfs Mann, hätte kaum jemand gegensätzlicher zu seiner Frau sein können als Vita Sackville-West: »Sie gehörte in der Tat zu einer Welt, die ganz anders war als die unsere, und die lange Reihe der Sackvilles, Dorsets, De La Warrs und Knole mit seinen 365 Zimmern hatte in ihren Geist und ihr Herz eine Zutat gelegt, die uns fremd war und die Intimität anfangs schwer machte.«

In die Zeit der Beziehung zu Virginia Woolf fiel auch eine Zusammenarbeit mit Edwin Lutyens, Gertrude Jekylls Architekten, von den Nicolsons kurz »McNed« genannt. Der hoch angesehene Architekt, inzwischen Mitte fünfzig, war mit Harold Nicolson befreundet und prägte ihn gestalterisch sehr. Lutyens entwarf in Long Barn – wohl im Austausch mit Nicolson – 1925 den Dutch Garden mit L-förmigen Hochbeeten in formaler Anordnung. Der Architekt betonte, wie wichtig die Struktur sei, wie ein Gerüst oder eine zentrale Idee, in der jede Mauer, jeder Weg, jeder Stein und jedes Beet wie ein Element dieser Idee ausgeformt werde. In diesem Sinne entwickelte sich Long Barn, liebevoll *little mud pie*, kleiner Schlammkuchen, genannt, zum Gerüst der Ehe und erwies sich als haltbar und zukunftsfähig. Jane Brown vermutet, ohne das idyllische Refugium Long Barn hätte es kein Sissinghurst gegeben, da sich beide getrennt hätten.

Während sich ihre Verbindung trotz oder gerade wegen der Toleranz gegenüber den Affären des jeweils anderen erfüllend gestaltete, ging die gemeinsame Zeit in Long

Barn unerwartet zu Ende. In der Nähe stand Land zum Verkauf, wo möglicherweise bald eine Hühnerfarm entstehen sollte. Die Suche nach einem neuen ländlichen Domizil begann, zumal Harold Nicolson sich mit dem Gedanken trug, die diplomatische Laufbahn aufzugeben. Dorothy Wellesley, eine enge Freundin und Vertraute, entdeckte eine Verkaufsanzeige und fuhr zusammen mit Vita Sackville-West und dem dreizehnjährigen Nigel zu dem angebotenen Anwesen nahe der Stadt Cranbrook.

Unmittelbar muss Vita Sackville-West trotz all der Unordnung und dem Schmutz auf dem verwahrlosten Anwesen eines einstigen Tudor-Herrenhauses samt Garten, der einem Schuttabladeplatz glich, dessen Potenzial erkannt haben, es zu *ihrem* Ort zu machen. Nigel war entsetzt. Aber seine Mutter verliebte sich auf der Stelle in Sissinghurst Castle und schreibt in ihr Tagebuch: »Ich bin von Liebe überwältigt.« Der Besitz war wildromantisch und besaß über die weibliche Linie eine Verbindung zu den Sackvilles. Noch zwanzig Jahre später schreibt sie begeistert von ihren Gefühlen, die die erste Begegnung ausgelöst und dabei Herz und Fantasie entflammt hatte: »Ich sah, was daraus gemacht werden konnte. Es war Dornröschens Garten: aber ein Garten, der nach Befreiung schrie. Und es war leicht vorauszusehen, sogar zu diesem Moment, welchen Kampf es uns kosten würde, ihn zu befreien.« Ihr Mann war zunächst zögerlich, bis er die Nussbaumallee entdeckte – »und damit war der Fall klar«, wie er am 6. April 1930 schreibt. »Von diesem Augenblick an entschließen wir uns zum Kauf. Ein glücklicher Tag.«

1930 kaufte Vita Sackville-West das Anwesen samt dem dazugehörigen Farmland von 350 Acres (rund 142 Hektar) für 12 375 Pfund, und die Familie begann aufzuräumen und Ideen zu entwickeln, ab und an übernachtete man bereits im South Cottage, einem alten Backsteinbau. Neben dem Hain aus Kenter Hasel- und Lambertsnüssen gab es noch ein paar alte Apfelbäume und eine Quitte. Unter dem Gestrüpp fanden sie letztlich sogar eine alte Gallica-Rose, heute unter dem Namen ›Sissinghurst Castle‹ erhältlich. Zudem standen noch ein paar Mauerstücke aus Königin Elizabeths Zeiten und Abschnitte eines Wassergrabens. Sie entschieden sich für den Architekten Albert Reginald Powys, Sekretär der Society for the Protection of Ancient Buildings, um die vorhandenen Gebäude bewohnbar zu machen und zugleich Gartenmauern zu konzipieren.

Im April 1932 – kurz nach dem vierzigsten Geburtstag Vita Sackville-Wests – konnte die Familie nach Sissinghurst Castle umziehen. Long Barn vermieteten sie: zunächst an den Londoner Unterhaltungsmogul Sidney Bernstein, der dort teilweise Hollywoodstars beherbergte wie etwa Charlie Chaplin, später an den berühmten amerikanischen Piloten Charles Lindbergh und seine Frau Anne, die vor der öffentlichen Anteilnahme nach der Entführung und Ermordung ihres Sohnes Ruhe suchten. Der Fall inspirierte Agatha Christie zu ihrem im Januar 1934 erschienenen Roman *Murder on the Orient Express* (dt. zunächst *Die Frau im Kimono*).

Mit dem Kauf von Sissinghurst Castle entsprachen die Nicolsons übrigens durchaus dem Zeitgeist. Unter den Betuchten war es gerade große Mode, romantische Burgen und Schlösser zu kaufen. So erwarb William Randolph Hearst, der amerikanische Verleger und Medien-Tycoon, in Wales das St Donat's Castle, das er aufwendig umgestalten ließ. Ähnlich wie in der Arts-and-Crafts-Bewegung war nun die wohlhabende Elite von einer nostalgischen Sehnsucht erfüllt, sich vor der Kulisse vergangener Machtinsignien zu inszenieren.

## *Paradies und Rückzugsort*

Die Gestaltung von Sissinghurst Castle war von der Vision getragen, kein Haus *mit* einem Garten, sondern ein Haus *in* einem Garten zu erschaffen. Einem Garten, eingebettet in die Landschaft von Kent, seit alters her als der »Garten Englands« bekannt. Wer vom Kontinent nach England wollte, kam über Kent. Das war so seit den Zeiten Cäsars – und gilt seit dem Eurotunnel umso mehr. Das Land war fruchtbar, und bald standen beiderseits der Wege nach London Hopfen- und Obstplantagen. Cottages mit Bauerngärten säumten die Landstraßen, Burgen und Paläste sicherten das Territorium. Um die Blüten und die reifenden Äpfel und Kirschen vor den kalten Seewinden zu schützen, pflanzten die Bewohner Hecken und errichteten Mauern, und Dichter lobten die Schönheit der Natur und den Reichtum der Erträge. Jane Austen meinte einst, Kent sei »der einzige Platz zum Glücklichsein«.

Wie Gertrude Jekyll ihr Surrey liebte, liebte Vita Sackville-West ihr Kent, so malerisch, so voller Traditionen und Geschichten. Sie pries in poetischen Worten die Schönheit dieser Landschaft – und wollte so viel wie möglich davon besitzen. Als es ihre Mittel gestatteten, kaufte sie im Laufe der Zeit Land ringsumher, sodass sie auf ihren ausgedehnten Spaziergängen mit den Hunden den eigenen Besitz nicht verlassen musste. Knole hatte man Vita Sackville-West genommen, deshalb hatte sie sich

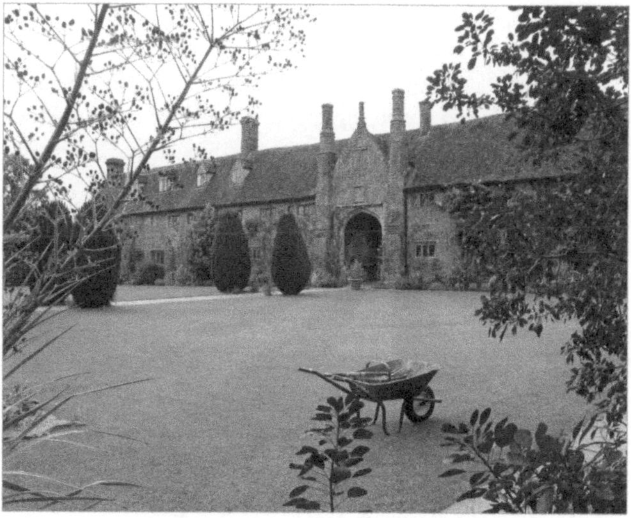

*»Ich kann nicht verstehen, wie Leute aus freien Stücken in London leben können.«*
*Vita Sackville-West, Sissinghurst Castle*

*ihren* Garten in *ihrer* Landschaft in *ihrem* England selbst geschaffen.

Die Arbeit in Sissinghurst begann, indem Harold Nicolson eine Struktur durch zwei geradlinig verlaufende Achsen schuf. Was nicht so einfach war, standen die Mauern doch »nicht alle im rechten Winkel zueinander; der Hof war nicht rechteckig, sondern sargförmig; der Turm lag nicht gegenüber dem Haupteingang«, wie Vita moniert. Heute ist das kaum wahrzunehmen, da nun eine Achse vom Torbogen des Eingangsgebäudes durch den Turm hindurch bis zur Dionysos-Statue auf der anderen Seite des Wassergrabens verläuft, während im rechten Winkel dazu eine zweite Achse vom Frühlingsgarten im Lindengang durch das Rosenrondell, den Unteren Hof bis zum Weißen Garten führt. Orientiert an diesen beiden Hauptlinien, wiederholen sich und korrespondieren weitere Achsen. Die schlichte, gerade Linienführung etwa durch den dicht gepflanzten Eibengang oder das doppelreihige Lindenspalier war eine für diese Zeit sehr typische informelle Pflanzung, die Rahmen und Hintergrund bot, um Raumwirkungen zu erzielen.

Diese Linien bilden das Gerüst des Gartens ganz im Geiste von Lutyens. Vom Turm aus verschaffte sich Harold Nicolson einen Überblick, um seine Linienführungen zu entwickeln, oft unterstützt durch seinen Sohn Nigel. Ausgerichtet nach und zugeordnet zu diesen Achsen entstanden einzelne Gärten, besser Gartenzimmer, variierend in Pflanzenauswahl, Farbkomposition, jahres- und tageszeitlichem Rhythmus, sodass sie bis heute Überraschung und Geheimnis, Schönheit und Abwechslung bieten und ein intimes, romantisches Flair vermitteln.

Persönliche Vorlieben bestimmten die Pläne und Entwürfe ebenso wie Anregungen durch Gertrude Jekyll, Edwin Lutyens, William Robinson und zahlreiche weitere Ideengeber, mit denen sie sich austauschten und deren Gärten sie besuchten.

Wirkt Sissinghurst als Ganzes heute so wohl komponiert, entstand es doch aus Gesprächen, Entwürfen, Verwerfen von Ideen, Ausprobieren, Experimentieren und Scheitern. Wobei im Delos genannten Gartenbereich, zwischen dem Pfarrhaus und der Nordmauer des Oberen Hofes gelegen, den Nicolsons zu ihren Lebzeiten nie ein zufriedenstellendes Gartenarrangement gelang. »Allein hätte ich es nie geschafft«, schreibt Vita Sackville-West 1953 in einem Artikel und erklärt: »Zum Glück hatte ich den idealen Mitstreiter geheiratet. Harold Nicolson muss in einem früheren Leben Gartenarchitekt gewesen sein. Er hat einen natürlichen Sinn für Symmetrie und ein Genie für die Schaffung von Blickpunkten oder Fernsichten, auch wenn alles sich zu widersetzen scheint, ein Talent, das mir völlig abgeht. Völlig einig waren wir uns jedoch über das Grundprinzip des Gartens: eine Kombination von langen axialen Gängen [...] und der intimeren Überraschung kleiner geometrischer Gärten, die ungefähr so davon abgehen sollten wie die Zimmer eines riesigen Hauses von den Hauptkorridoren. Höchste Strenge der Gestaltung sollte verbunden sein mit maximaler Zwanglosigkeit der Bepflanzung.«

In einem Gestaltungsprozess, der sich grob in zwei Etappen unterteilen lässt, vor und nach dem Zweiten Weltkrieg, entstand so allmählich die Abfolge von Gartenzimmern, die die Gebäude umschlossen und wie

Erweiterungen der Wohnräume wirkten, und in dieser »Aufeinanderfolge von Abgeschiedenheiten«, schreibt Harold Nicolson, fand ihr Leben statt. »Ich gebe zu«, ergänzte er, »dass Versailles, Courances und Villandry erhabene Momente der Gartenarchitektur darstellen.« Aber ein Garten sei seiner Meinung nach zur Freude seines Besitzers erschaffen »und nicht, um damit großzutun. Niemand könnte mit seiner Familie im Rondell von Versailles sitzen, die Sonntagszeitung lesen und chinesischen Tee schlürfen. Niemand, dem Blumen wirklich etwas bedeuten, möchte sie in Mustern angeordnet haben, als wären es Teppiche aus Shiraz oder Isfahan. Die meisten kultivierten Menschen ziehen den Schatten eines lieben, alten Familienbaums dem Prunk eines Rondells vor, das seine Muster unter dem weiten Himmel zur Schau stellt.« Es war diese Intimität – diese Einheit von Innen und Außen –, die das Anwesen zum Lebensort machte.

Im lang gezogenen Eingangsgebäude, dem früheren Stall, befand sich die Bibliothek, die auch für das familiäre Zusammensein genutzt und mit zahlreichen Kunstwerken und Familiengemälden ausgestattet wurde, die an Knole und die Sackville-Ahnen erinnerten.

Der Obere Hof war die Eingangshalle, eingerahmt von Backsteinmauern, mit einem verheißungsvollen Blick auf den Turm und den Torbogen, der das Auge in Richtung der Dionysos-Statue lenkt. Der gepflegte grüne Rasen liegt bis heute wie ein Teppich da und bildet den Hintergrund und den Ruhepol für die farbenfrohen Verzierungen, die die an den Mauern hinaufkletternden Rosen bilden. Harold Nicolson war sich dessen Wirkung sehr bewusst: »Unser hervorragendes Klima bedingt unseren Stil – der englische Rasen ist die Grundlage unseres Entwurfs.« Seiner Ansicht nach müsse ein Gartenarchitekt erkennen, »dass die Eckpfeiler eines jeden guten englischen Gartens Wasser, Bäume, Hecken und Rasen sind«.

Das Torhaus mit dem Doppelturm war das Refugium von Vita Sackville-West, im South Cottage befand sich das Arbeitszimmer von Harold Nicolson und im Obergeschoss beider Schlafzimmer, der angrenzende Lindengang ließe sich als seine Galerie verstehen, im Pfarrhaus wohnten die Söhne und befand sich das Esszimmer der Familie.

Diese Art, Gartenzimmer einzurichten, war keineswegs neu, wie die Gärten von Hidcote, Rodmarton und Snowshill in Gloucestershire zeigen. Wohingegen der Umstand, diese auch als echte Räume zu nutzen, sehr wohl eine originelle Besonderheit war. Die Nicolsons lebten wahrhaft im Garten und durchquerten ihn im Laufe des Tages mehrfach. Wie Vita Sackville-West stets hervorhob, war es erfreulich, in warmen Mondnächten durch den Garten zu wandeln, aber weniger angenehm in verschneiten Nächten. Manchem ihrer Freunde erschien das wenig komfortabel.

Die Natur selbst bestimmte das gestalterische Prinzip. »Von Anfang an stand für uns fest«, schreibt Vita Sackville-West, »dass der Garten mit all seinen Räumen und Unterabteilungen jahreszeitliche Züge tragen sollte; er war groß genug, um Platz dafür zu bieten. Wir konnten einen Frühlingsgarten von März bis Mitte Mai haben, einen Frühsommergarten von Mai bis Juli, einen Spätsommergarten von Juli bis August und einen Herbstgarten von September bis Oktober.« Verschmitzt fügt sie hinzu: »Der Winter muss sehen, wie er mit ein paar wenigen winterfesten Sträuchern und ein paar frühen Knollen zurechtkommt.« Waren die Pflanzen verblüht, wechselten die Nicolsons in ein anderes Gartenzimmer. Den Frühling genossen sie im Lindengang, im Haselnusshain und im Obstgarten, wobei Letzterer fast die Hälfte der gesamten Gartenfläche einnimmt; im Frühsommer erfreuten sie sich am Rosen- und am Kräutergarten; anschließend hatten der Weiße Garten und die Beete in den Höfen ihre Blütezeit. Mit dem Spätsommer und frühen Herbst kam die zweite Blüte im Rosengarten. Allein der Bauerngarten am South Cottage – »unser Privatgärtchen« – zeigte sich den ganzen Sommer über bis in den Herbst hinein in Blüte. Nach Westen ausgerichtet, sei er ein »Wirrwarr von Blumen«, wie sie sich ausdrückt, »im Spektrum der Farben« wie »in einem Sonnenuntergang«. Beschwingt ergänzt sie: »Ich nannte ihn schon für mich den Sonnenuntergangsgarten, bevor ich überhaupt anfing, ihn anzupflanzen.« Wobei die Bezeichnung »Bauerngarten« keinesfalls auf eine traditionelle Gestaltungsform verweist, wie Tony Lord auf amüsante Weise formuliert, sei doch jener »so sehr ein Bauerngarten, wie Marie-Antoinette eine Milchmagd war«. Im Frühsommer verzauberte wie einst in Long Barn die Rose ›Madame Alfred Carrière‹ die Mauer des kleinen Hauses. Sie war das erste Gewächs, welches beide am 6. Mai 1930 eingesetzt hatten, nachdem ihr Angebot zum Kauf des Anwesens akzeptiert worden war. Ein hölzerner Gartenstuhl steht heute vor dem Haus wie einst, als Harold Nicolson hier seinen Morgenkaffee trank und die Zeitung las. Übrigens beanspruchte er ebenso wie sie, Ideengeber dieses Farb- und Pflanzenensembles gewesen zu sein.

Insgesamt war Sissinghurst ein Gemeinschaftswerk, das beide als »unseren geliebten Garten« priesen. Harold

Nicolsons Anordnung der Gartenräume war die klassisch-elegante Struktur, die Vita Sackville-West durch lebendige Fülle romantisch ausgestaltete, ganz wie William Robinson empfiehlt: »Formalität ist oft wesentlich für den Plan eines Gartens, aber nie für die Anordnung seiner Blumen und Sträucher.« Ihr Credo passte wunderbar dazu: »Pflanze großzügig und konzentriere dich auf einen bestimmten Moment, es macht nichts, wenn sich Lücken auftun, sobald der Moment vorüber ist.«

Zweifellos ließ Vita Sackville-West sich dabei von Gertrude Jekyll inspirieren, sie legte aber weniger Wert auf deren ausgeklügelte Kombinationen von Blattwerk und Gestalt. Vielmehr bevorzugte sie den farbreichen Überfluss niederländischer Blumengemälde und orientalischer Teppiche. »Meine Vorliebe für Üppigkeit im Garten gehört untrennbar zu meiner Gartenphilosophie«, betont sie und ergänzt: »Ich liebe Großzügigkeit, wo immer ich ihr begegne, ob in Gärten oder sonst wo. Ich verabscheue alles Knauserige und Schäbige.« Dabei war sie sich sicher: »Auch der kleine Garten kann in seiner Begrenzung verschwenderisch wirken [...].«

Im Weißen Garten, dem letzten fertiggestellten Gartenzimmer, betonte sie allerdings die Effekte durch die Auswahl von Blattwerk und Gestalt der durch die Farbbegrenzung ausgewählten Pflanzen. »Einfarbige Gärten zu planen ist ein Vergnügen. Sie brauchen weder groß noch eingefriedet zu sein, obwohl die Umrahmung durch eine dunkle Hecke natürlich günstig wirkt. [...] Ich für meinen Teil versuche mich an einem Garten in sämtlichen Tönen von Grau, Grün und Weiß; ein Experiment, dessen Gelingen ich sehnlich erhoffe, obwohl ich es bezweifle.«

Die Idee zu einem Garten in Weiß entwickelte sie

bereits vor dem Zweiten Weltkrieg, wenn auch für ein anderes Areal. Rein weiße Gärten waren zu dieser Zeit zwar selten und kleiner gehalten, um 1900 aber wohl bereits recht beliebt. Gertrude Jekyll hatte einst empfohlen, die zarte Pracht weißer Blumen durch ein wenig Blau oder Zitronengelb zu unterstreichen. In Munstead Wood besaß sie einen Grauen Garten und hatte in *Colour in the Flower Garden* (1908; später *Colour Schemes for the Flower Garden*; dt. *Pflanzenbilder aus meinem Garten*) die Wirkung von grauem und silbrigem Laub beschrieben. Constance Spry veröffentlichte in *Flowers in House and Garden* (1937) eine lange Liste mit geeigneten Pflanzen für eine weiße Rabatte. Dass Weiß die Farbe der modernen Architektur ebenso wie diverser Strömungen der Innenarchitektur zur Vorkriegszeit (wie Syrie Maughams extravagante, in Weiß gehaltene Innenräume) und der floristischen Dekoration von Constance Spry war, war Vita Sackville-West zweifellos bewusst. Nach den Kriegsjahren mit Verdunklungen und Tristesse wirkte Weiß strahlender denn je, noch dazu in der Nacht, die sie als kreative Zeit genoss.

Wie zauberhaft müssen die weißen Blüten im silbernen Mondlicht geleuchtet haben. »Doch ich hoffe«, schreibt sie im Januar 1950 euphorisch, »dass die große geisterhafte Schleiereule im Zwielicht des nächsten Sommers lautlos über einen bleichen Garten streicht – den bleichen Garten, den ich jetzt unter den ersten fallenden Schneeflocken anpflanze.« Enthusiastisch ging sie ans Werk, frei nach dem Motto, das sie im Dezember 1939 an ihren Mann geschrieben hatte: »Lasst uns pflanzen und fröhlich sein, denn im nächsten Herbst sind wir vielleicht alle ruiniert.« Unter den Augen der Leserinnen und Leser ihrer

*Observer*-Kolumne *In Your Garden* und unter den strengen Blicken der zahlenden Besucher erschuf sie ein atemberaubend schönes Kleinod der Gartenkunst, verträumt und schwelgerisch, das weidlich gefeiert und nachgeahmt wurde und wird. Für zahlreiche Sissinghurst-Besucher ist der Weiße Garten bis heute ihr favorisiertes Ziel. Tony Lord, Autor und Gärtner, würdigt ihn als »ein Lehrstück für die Verwendung von Blüten- und Blattformen in einem Rausch aus Düften«.

Auch in anderen Gartenzimmern bevorzugte Vita Sackville-West anstelle der Farbsinfonien von Gertrude Jekyll – der raffiniert-komplexen Farbabfolgen, die im Auge des Betrachtenden verschmolzen – die Konzentration auf wenige Farbkontraste. Sie liebte weiche Orange- und Blautöne und kreierte mit ihrer Violetten Rabatte im Oberen Hof bewusst etwas, vor dem Jekyll ausdrücklich gewarnt hatte: Nach Ansicht der großen Gärtnerin neigten zu viele violette Blüten tendenziell zu einem schweren, matt wirkenden Gesamtbild.

Vita Sackville-Wests Leidenschaft für Rosen erinnert zweifellos ebenfalls an Gertrude Jekyll, drückte sich jedoch in einer völlig anderen Präsentation aus. Für die Aristokratin waren ihre Rosen stolz, verlockend und verführerisch duftend wie orientalisches Parfum und passten ausgezeichnet in den geometrischen Rahmen des Rosengartens, den sie *rondel* nannte, nach dem Kenter Wort für einen kreisförmigen Boden in den Trockenhäusern für Hopfen. »Jeder, der dem Zauber Alter Rosen einmal verfallen ist, wird keine neuen in sein Herz schließen können.« Wie im Umgang mit Freunden lerne man, »ihre Fehler zu übersehen und ihre Tugenden zu schätzen«, verkündet sie

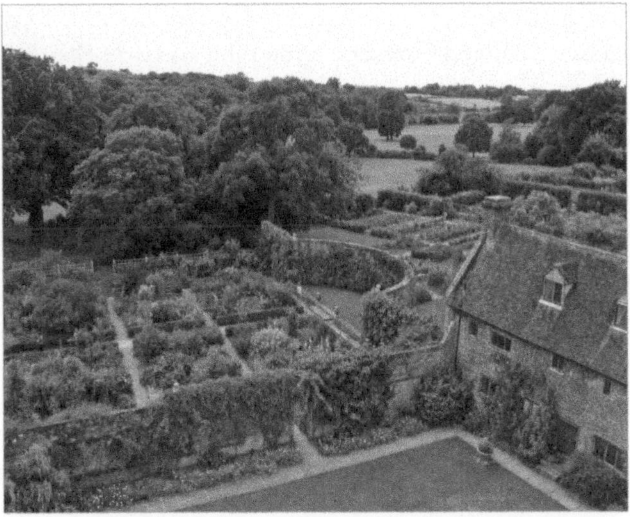

*»Pflanze großzügig und konzentriere dich auf einen bestimmten Moment, es macht nichts, wenn sich Lücken auftun, sobald der Moment vorüber ist.«*
*Vita Sackville-West*

gelassen. Alte Rosen besäßen mit ihrer Geschichte eine Verbindung zu Märchen, Sagen und Ereignissen der Vergangenheit und hätten die Würde ihres Alters und damit ihrer historischen Zeugenschaft in Schönheit verwandelt.

In einem Vortrag vor der Royal Horticultural Society erläutert sie 1961: »Unter den Alten Rosen werden Sie nie das blendende Rot und Orange und Kirschrot vieler moderner Sorten finden. Sie sind dunkler, ernster – fast hätte ich gesagt mittelalterlicher –, nicht so frivol, nicht so ausgelassen. Mich erinnern sie an die Brokatborten von Messgewändern, den Glanz von Mosaiken, die Textur orientalischer Teppiche.«

Zu ihren Lebzeiten blühten etwa zweihundert verschiedene Rosen in Sissinghurst, ihre Lieblingssorten gehörten zu den Gallicas, Albas, Damaszenerrosen, Zentifolien, Bourbon- und Noisetterosen, und so war sie »betrunken von Rosen«. »Samtrose. Was für eine Wortverbindung!«, schreibt sie begeistert. »Es lehrt einen etwas, lange und intensiv in eine Rosenblüte zu blicken, besonders in eine wie die ›Tuscany‹, die sich flach öffnet und dabei das erbebende und staubige Gold ihrer zentralen Vollkommenheit enthüllt.«

Wie in Long Barn schwelgte Vita Sackville-West im prachtvollen »Gewirr von Rosen und Geißblatt, Feigen und Reben« und kombinierte Rosen in ihrer Üppigkeit mit anderen Pflanzen, oft ineinander übergehend. An den Backsteinmauern im Rosengarten klettern heute Feigen, Clematis und noch mehr Rosen hinauf, sodass alles von Farbe und Duft erfüllt ist. Die effektvoll vor der halbrunden Mauer inszenierte hölzerne Gartenbank zieht zu jeder Jahreszeit die Blicke auf sich. Mit ihrer hohen, sanft geschwungenen Lehne wirkt sie leicht romantisch und ein wenig barock. Entworfen von Edwin Lutyens, ursprünglich jedoch für einen anderen Garten, hatte er sie (wie eine weitere Bank in kleinerer Ausführung) Vitas Mutter gegeben, für die er drei Gärten geplant hatte und mit der ihn eine Liaison verband. Er selbst war nur einmal in Sissinghurst (1936), als der Gartenplan schon fertig war.

Die Biografin Jane Brown vermutet, gewisse theatralische Effekte in der einstigen Inszenierung des Rosengartens seien durch Constance Sprys Ideen beeinflusst gewesen. Die Dekorateurin war eine regelmäßige Besucherin und hatte in *Flowers in House and Garden* selbst derartiges beschrieben. Darüber hinaus teilten beide die Vorliebe für Alte Rosen, bezogen bei denselben Rosenzüchtern ihre Exemplare und bewunderten Norah Lindsays Rosengarten in Sutton Courtenay, heute Oxfordshire.

Das große Vorbild von Vita Sackville-West war jedoch Gertrude Jekylls Mentor und Freund William Robinson. Indem sie Gartenzimmer erschuf, die zu den verschiedenen Jahreszeiten ihren blühenden Auftritt hatten, folgte sie seiner durch die Natur selbst vorgegebenen Gartengestaltung. »Das eigentlich Originelle an Mr Robinsons Methode war seine Wahl der Pflanzen und wie er sie setzte«, schreibt sie 1938 in einem Artikel. »In die Beetgevierte etwa, in denen er meist Rosen zog, pflanzte er auch Clematis, deren purpurne Blütenbüschel über niedrige silbrig graue Sträucher ragten, und die Erde verhüllte er mit Stiefmütterchen und Felsenpflanzen.« Robinson hatte ihr geschrieben, seine Bewunderung für ihr Gedicht *The Land* ausgedrückt und sie eingeladen. So besuchte sie den knapp Neunzigjährigen in Gravetye Manor 1927 oder 1928. Sie war von seinem Wissen fasziniert und nannte ihn »einen bewundernswürdigen alten Mann«. Wie sie sich erinnert, »warf er lange Girlanden aus Wein, Geißblatt, Jasmin und wieder Rosen, überhaupt allem, was klettern und klammern konnte, hoch in die Bäume hinauf und dekorierte die Äste mit unerwarteter Schönheit«.

Obwohl Sissinghurst also das Projekt zweier Individuen mit speziellen Wünschen und Vorstellungen war, kam es immer wieder vor, dass sich die Rollen vertauschten und sie für schlichte Lösungen stimmte, während er mehr barocke Üppigkeit begehrte. Vielleicht waren es gerade diese überraschenden Effekte, die den Garten wie die Ehe belebten und für Beteilige wie Betrachter spannend machten. Als Nigel Nicolson einige Jahre nach dem Tod seiner Eltern mit dem Buch *Portrait of a Marriage* (dt. *Porträt eine Ehe*) deren Briefe und Tagebucheintragungen sowie die im Alter von achtundzwanzig Jahren verfasste Autobiografie (1920) seiner Mutter veröffentlichte, entfaltete sich vor der Kulisse dieses zauberhaften Ensembles eine sensible, von inniger Zuneigung und großem Vertrauen erfüllte Beziehungsgeschichte zweier Menschen, die außerhalb ihrer Ehe mit gleichgeschlechtlichen Partnern Liaisons unterhielten. In beider Aufzeichnungen kreist ihre Liebe zum Garten um ihre Liebe zueinander. Wie dort zu lesen ist, haben sie ihre Aufgaben aufgeteilt: *Er* entwirft, *sie* pflanzt. Wenn es gegenteilige Ansichten gibt, werden die Argumente ausgetauscht, zuweilen wird Distanz gesucht, bis sich einer von beiden durchsetzen kann. Zwischen *ihrem* Turm und Schreibrefugium und *seinem* Lindengang wandern anrührende emotionelle Botschaften hin und her. Als wenn dieses Dornröschen – das nach Befreiung schrie, wie Vita Sackville-West einst schrieb –

sich während des Grabens, Pflanzens und Jätens zum irdischen Hort einer ganz und gar unkonventionellen Beziehung verwandelt hätte. Als wie unorthodox auch Vita Sackville-West selbst diese empfand, schreibt sie an ihren Mann: »Ich dachte: ›Wie seltsam! Ich glaube, Hadji [Kosename für Harold] und ich waren einander so untreu, wie man es aus konventioneller Sicht nur sein kann, schlimmer noch als untreu, wenn man die Homosexualität dazurechnet, und trotzdem schwöre ich, dass es keine zwei Menschen gibt, die sich mehr lieben als wir nach all den Jahren.‹ Das ist seltsam, oder? Es zerstört doch alle herkömmlichen Vorstellungen von der Ehe?« Doch der Garten vermochte auch heilend zu wirken, was sich in einem Gedicht der Schriftstellerin für ihren Mann von 1937 zärtlich ausdrückt, wenn sie bittet: »Lass uns jeden drohenden Riss mit Blumen stopfen.«

Der Gedanke, ihre Liebe könne ein Vorbild für andere sein, motivierte das Paar, in einer Radiosendung der BBC darüber zu sprechen – selbstverständlich ließen sie ihre sexuelle Orientierung unerwähnt, ebenso wie die Affäre, die Vita Sackville-West mit jener BBC-Abteilungsleiterin verband, die sie zu der Sendung eingeladen hatte.

Obwohl ein perfektes Gerüst für die Beziehung der beiden, war und blieb Sissinghurst viel stärker der Arbeits- und Lebensort von »Lady Nicolson«, wie sie die Gärtner ansprachen. Sie hatte den Besitz gekauft und sorgte als Eigentümerin für dessen Unterhalt, die Bezahlung der Gärtner und die Aufwendungen für Pflanzen und Bauarbeiten. Harold Nicolson unterhielt nach wie vor seine Londoner Wohnung und widmete sich, nachdem er seine Karriere als Diplomat aufgegeben hatte, intensiver der Tätigkeit als Buchautor und Journalist, später als Politiker. Auch Vita Sackville-West arbeitete mit leidenschaftlicher Freude: tagsüber im Garten und nachts oft viele Stunden lang am Schreibtisch. »Ruhiger Tag in Sissinghurst«, war ihr bevorzugter Eintrag ins Tagebuch – und wurde in der Familie zum geflügelten Wort. London besuchte sie nur noch selten, und als sie 1937 drei Tage in der Metropole verbrachte, ihre »Wintersaison«, schreibt sie ihrem Mann verwundert: »Ich kann nicht verstehen, wie Leute aus freien Stücken in London leben können. Alles scheint mir so unwirklich und verwirrend.« Der Turm war ihr Reich, kaum von Mann und Söhnen aufgesucht und natürlich als erstes Gebäude renoviert. Im hoch gelegenen Zimmer hatte sie Distanz zur Welt.

Virginia Woolf bedauerte sehr, wie sich ihre Freundin immer mehr nach Sissinghurst zurückzog, und stellte schon im Juli 1934 Veränderungen an ihr fest: »Sie ist opulent und kräftig geworden und tomatenrot und malt ihre Fingernägel und Lippen an, die keine Farbe brauchen [...] und die Perlen haben ihren Glanz verloren.« Offenbar befürchtete Vita Sackville-West zu Recht, anderen könnte ihr Aussehen inzwischen befremdlich erscheinen. Der Literat Peter Quennell notiert später über sie: »Fülliger und ein wenig größer als ihr Gatte, der mit seinem frischen rosigen Gesicht, Pfeife und konventionellem Tweedjackett neben ihr ein wenig jungenhaft und studentisch wirkte, stellte sie sich als eine kraftvolle Mischung beider Geschlechter dar – Lady Chatterley und ihr Liebhaber in einer Person, wie nach meiner Erinnerung ein zeitgenössischer Humorist bemerkte.«

Indem sich Vita Sackville-West von anderen entfernte oder sie regelrecht aussperrte (zumal sie bewusst dafür sorgte, dass es keine Gästezimmer gab), erschuf sie sich eine »Parallelwelt«, wie der Autor und Landschaftsgestalter Tim Richardson es nennt, deren Genuss sich allein an den Tagen ohne Besucher entfaltete, wie sie selbst poetisch festhielt:

> Wenn niemand kommt und mich von mir
> selbst wegholt
> Und mich in ein Patchwork, ein Puzzle verwandelt,
> Einen zerbrochenen Spiegel, der einmal ein
> ganzes Bild zeigte,
> So gezwungen brauche ich zu viel Zeit,
> Um wieder zu mir selbst zu kommen, wenn
> sie gegangen sind.

Das erste Mal öffneten die Nicolsons ihren Garten für zwei Tage im Jahr 1937 für den Eintrittspreis einer Sixpence-Münze, einzuwerfen in eine alte Tabakdose. Am 1. Mai 1938 war der Garten anlässlich des National Gardens Scheme, einer Initiative, »Gärten von Qualität, Charakter und Interesse für wohltätige Zwecke für die Öffentlichkeit zu öffnen«, für Besucher zugänglich – und bereits achthundert kamen. Von früh an war der Garten also privat und öffentlich zugleich. »Es amüsiert mich«, schreibt Vita Sackville-West an ihren Mann, »wie diese Gärtner inzwischen anfangen, einander zu erzählen, man müsse unseren Garten besichtigen.« Die Besucher ermöglichten zu einem gewissen Teil die Existenz ihres Refugiums; wegen des Eintrittsgeldes nannte sie sie *shillings*.

Ebenso wichtig waren Angestellte, denn natürlich bewältigten die Nicolsons die Arbeit im Garten nicht allein. Neben dem Hauspersonal zu ihrer Versorgung standen

Gärtner und Hilfskräfte in ihren Diensten. Seit 1939 arbeite Jack Vass als Chefgärtner in Sissinghurst. Er muss eine eindrucksvolle Erscheinung gewesen sein mit ausgeprägtem Ordnungssinn und Energie. Noch Jahrzehnte später kursierten legendäre Erzählungen über ihn, etwa wie er an seinem ersten Arbeitstag Tausende von Narzissen- und Krokuszwiebeln gepflanzt habe. »Vass ist ein Gärtner ganz nach meinem Geschmack, ich liebe seinen Elan und sein Wissen«, betont Vita Sackville-West, um zu ergänzen, es sei gleichzeitig gut, »dass ich hinter ihm stehe und seiner Vorliebe für Über-Ordentlichkeit mit meiner romantischeren und unordentlicheren Ansicht darüber, wie ein Garten sein soll, entgegenwirke«. Als er 1941 zur Luftwaffe ging, wies er seine Vorgesetzten an, sie sollten unbedingt die Hecken schneiden, alles andere sei später wieder recht zügig in Ordnung zu bringen.

Doch der Krieg kam auch nach Sissinghurst und zerstörte die Idylle. Kent lag in der Einflugschneise der deutschen Bomber auf London. Dröhnend und furchterregend flogen sie über den Garten und das Land hinweg. Vita Sackville-West ließ sich als Fahrerin von Krankenwagen einteilen und unterstützte fürsorglich die Menschen der Umgebung, zog Gemüse in den Beeten, während auf den Wiesen Heu geerntet wurde. Doch sie war menschenscheu geworden, zog sich in ihren kaum beheizbaren Turm zurück und schrieb. So entstand das Gedicht *The Garden*, die Beschwörung eines Ortes der Schönheit gegen das Grauen. Veröffentlicht nach dem Krieg und mit dem W. H. Heinemann Award ausgezeichnet, war es das letzte Gedicht, das sie publizierte.

Nach Kriegsende öffneten sie am 2. Mai 1945 den Garten, wie um das Glück zu feiern, dass es sie und das Anwesen noch gab. Umgehend begannen die Erneuerungsarbeiten, und dennoch, beide waren gealtert. Harold Nicolson wurde im November 1946 sechzig Jahre alt, was ihn belastete. Vita Sackville-West litt zunehmend unter Arthritis und hatte mehrere Lungenentzündungen; 1955 erlitt Harold Nicolson zwei leichte Schlaganfälle. Die körperlichen Einschränkungen wie die wirtschaftliche Situation forderten ihren Tribut. Die Gartenträume mussten an die verfügbaren Ressourcen, ihre Kraftreserven, die Arbeitsökonomie und die Unterhaltskosten angepasst werden.

Im Herbst 1946 begann Vita Sackville-West mit ihrer wöchentlichen Kolumne *In your Garden* in der Zeitung *The Observer*, die ihre leidenschaftliche Gartenlust – trotz all der inneren und äußeren Veränderungen – regelrecht beflügelte. Die Besucher strömten in den Garten, und immer wieder kam sie über die eine oder andere Pflanze mit ihnen ins Gespräch. In angesehenen Zeitschriften erschienen Artikel über den Garten und dessen Besitzer und lockten immer mehr Gäste an. Im Juni 1952 erschien sogar die Mutter der Königin zum Gartenspaziergang, und bald folgten weitere prominente Besucher wie Prinzessin Margaret oder Cecil Beaton. Vita Sackville-West war so populär, dass Berge von Post eintrafen und selbst ein mit den Worten »Ein Schloss irgendwo in Kent« adressierter Brief problemlos sein Ziel erreichte. 1954 betrugt die Summe der Eintrittsgelder beachtliche 1394 Pfund. Euphorisch schreibt Harold Nicolson 1956: »Ich hatte das Gefühl, dass kein Garten jemals so schön wie unserer gewesen ist, kein Mai so schön wie dieser, keine Ente jemals so viel Persönlichkeit hatte wie Fanny und niemand jemals so von Liebe und Glück übermannt wurde wie ich. Mich überkam eine Stimmung universaler Dankbarkeit.«

Von Jahr zu Jahr wuchs mit den Pflanzen, Sträuchern und Obstbäumen das Gefühl, einen Schatz zu besitzen, der ihnen paradiesische Einsamkeit und schöpferischen Genuss bot. Die Abläufe im Garten und in der Landschaft bestimmten ihr Leben und erfüllten ihre Gedanken mit einer nostalgischen Sehnsucht nach einem England, wie es einmal gewesen war. Ihrem Mann meldet sie empört im Frühjahr 1945: »Liebling, stell Dir vor, es sind Bestrebungen im Gange, zwischen Biddenden und Cranbrook eine Busverbindung einzurichten. Das ist für uns schrecklich, weil es bedeutet, dass die Busse an unserem Wald vorbeifahren.« Der Umstand, dass »die Menschen diese Leidenschaft haben, herumzufahren«, übersteige ihr Verständnis, und sie konstatiert »Was für eine Welt!« Dabei reisten die Nicolsons selbst nach wie vor gerne, unternahmen im Winter Kreuzfahrten in südliche Gefilde oder besuchten Gärten, meist im Juli oder August, wenn in ihrem eigenen Garten wenig blühte. Auf manche Privilegien beanspruchte die Adelige eben Exklusivität: »Wäre doch nur die Schulpflicht nicht eingeführt worden! Ich möchte keine Tyrannis, aber ich möchte eine intelligente Oligarchie. Wenn man doch nur *la populace* nie ermutigt hätte, sich über ihren angestammten Platz zu erheben. Ich möchte, dass sie ebenso gut ernährt und untergebracht sind wie Herdbuchkühe, aber auch nicht mehr mitzureden haben.«

Da spüren zwei Menschen regelrecht körperlich eine neue Zeit beginnen, die ihnen nicht behagt. Die Worte Harold Nicolsons vom Oktober 1948 klingen fast wie ein früh verfasstes Resümee, das ihrem Garten wie einer Epoche gilt. An einem kalten Morgen auf einen verspäteten Zug wartend, denkt er: »Die Schönheit meiner ganzen Welt in Kent, vor allem in Sissinghurst, bereitet mir eine tiefe Freude. Ich bin sicher, wir haben es richtig gemacht. Sissinghurst hat eine Art von Wärme, von Zurückgezogenheit, eine unprunkende Würde – und gerade das wollten wir erreichen und haben es in mancher Hinsicht aus Zufall erreicht.« Zu verdanken sei dies der »Folge von stillen Räumen«, sie seien eine »ganze Reihe von Fluchten vor der Welt, die den Eindruck einer einzigen großen Flucht vermitteln«.

Der Autor und Landschaftsgestalter Tim Richardson nennt Sissinghurst ganz in diesem Sinne »eine Festung gegen die Erwartungen der Außenwelt«, in der sich die Komplexität ihrer Partnerschaft widerspiegelt und die zugleich »eine Form der Konfrontation« ist. Kritischer beleuchtet der Historiker David Cannadine diesen Aspekt, während er die Leistungen der Nicolsons durchaus würdigt. Er analysierte in seinen Arbeiten die Rolle der britischen Aristokratie und beschäftigte sich explizit mit den Familien an der Spitze der Gesellschaft. Nigel Nicolsons Buch *Portrait of a Marriage* beantwortete Cannadine mit dem Essay *Portrait of More Than a Marriage* und betrachtete das Paar in seinen Haltungen und Handlungen gegenüber ihrer Zeit und Umwelt. Für ihn waren beide »schreckliche Snobs«, die sich mit Sissinghurst ein Refugium schufen, das sie vor der unerfreulichen Gegenwart behütete.

Im Jahr 1961 veröffentlichte Vita Sackville-West die letzten beiden ihrer insgesamt neunundvierzig Bücher. Nach fünfundzwanzig Jahren gab sie nun ihre Gartenkolumne im *Observer* auf. Ihr Mann, Autor von dreiunddreißig Büchern, publizierte weiterhin Rezensionen. Ihre tief empfundene Liebe zur opulenten, chaotischen Üppigkeit im Garten illustriert noch einmal die Überschrift ihres letzten Artikels im *Sunday Telegraph* (Dezember 1961): »Ein

Hauch von Vernachlässigung lässt meine Rosen prächtig gedeihen.«

Anfang 1962 fühlte sie sich müde, erschöpft und litt unter Fieberanfällen; bald diagnostizierte man eine fortgeschrittene Krebserkrankung. Am 2. Juni 1962, an dessen schönem Morgen er früh durch den Garten spaziert war, notiert Harold Nicolson in seinem Tagebuch: »Sie stirbt ohne Furcht oder Selbstvorwürfe um 1 Uhr 15. [...] Ich pflücke einige ihrer Lieblingsblumen und lege sie auf das Bett.« Er blieb allein zurück, voller Trauer und Schmerz, liebevoll von der Familie umsorgt. Sechs Jahre nach seiner Frau starb er am 1. Mai 1968 ebenfalls in Sissinghurst. Sein Sohn Nigel meinte jedoch: »In Wirklichkeit starb er mit ihr.«

Im Frühjahr 1942 hatte Vita Sackville-West angesichts einer neu erworbenen Japanischen Kirsche darüber sinniert, ob ihr Sohn den Ort dereinst als Bauland verkaufen würde, wo doch dann »unsere Enkelkinder [...] richtig schöne, große, blühende Bäume sehen könnten«. Zugleich fragte sie sich, ob »irgendjemand in fünfzig Jahren daran überhaupt interessiert« sei. Wer träumt nicht davon, der eigene Garten möge die Zeiten überdauern? Ihr Traum erfüllte sich, wenn der Garten inzwischen auch ein anderer ist. Vielleicht gerade weil die Uhren nach ihrem Tod nicht einfach angehalten wurden, wie es die bis 1991 amtierende Gartenmeisterin Pam Schwerdt einmal formulierte, sondern die Gärtner Neues ausprobieren konnten. Lebendiger könnte ein Kunstwerk nicht sein.

## *Schönheit für jeden*
## *Constance Spry (1886–1960)*

### *Die Doyenne der Blumen*

Elizabeth II., Königin von Großbritannien und Nordirland, wurde am 2. Juni 1953 gekrönt. Immer wieder sind Fotoaufnahmen von diesem ereignisreichen Tag zu sehen. Die ehrwürdige Erscheinung der jungen Frau in prachtvollem Kleid mit langem Krönungsumhang und kostbarem Schmuck sowie einer mit Juwelen besetzten Krone ist imponierend und wirkt fast etwas märchenhaft. Auf den Aufnahmen von der Kutschfahrt ist auf dem Schoß der jungen Königin ein üppiges Blumenbouquet zu sehen. Später hält sie es in ihren Händen: Der bogenförmig arrangierte Strauß besteht aus weißen Lilien und weiteren zarten weißen Blüten. Wie elegant er aussieht! Wer könnte sich einen Tag wie diesen ohne Blumen vorstellen? In der Tat waren Westminster Abbey und die Straßen Londons mit unzähligen Blumen geschmückt. Auch viele Menschen hielten Sträuße in ihren Händen, mit denen sie ihrer Königin beim Vorbeifahren zuwinkten.

Wo wurden all diese Blumen gezüchtet und gepflegt? Wer hat sie bestellt, sortiert und arrangiert? Einen großen Anteil an der floristischen Umrahmung dieses Tages hatte eine Frau, die zu dieser Zeit in Großbritannien sehr bekannt war und von vielen blumenliebenden Menschen

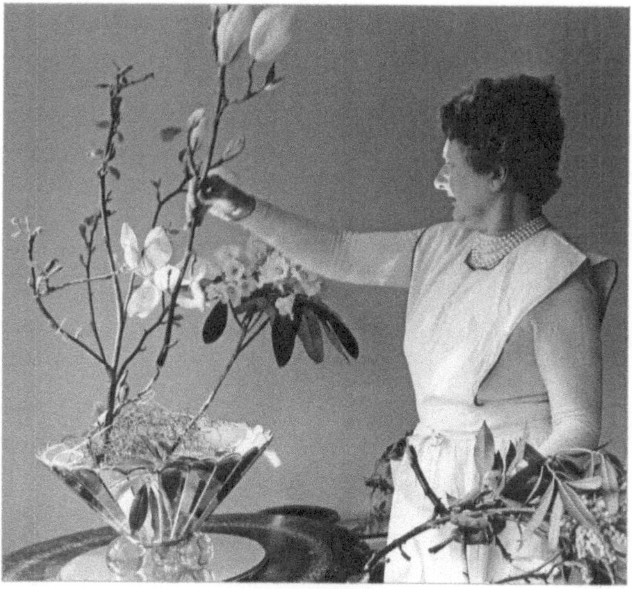

*»Ich war zuerst und hoffe auch weiterhin Gärtnerin zu sein.«*
*Constance Spry*

sehr geschätzt wurde: Constance Spry. Ihre floristischen Kreationen an diesem bedeutenden Tag avancierten zum Glanzstück ihrer beeindruckenden Karriere. Ihre Zeitgenossen verbanden mit ihrem Namen Glamour und Prominenz. Sie war erfolgreich und vielseitig, führte sie doch Dekorationsgeschäfte in London und New York, gründete eine Floristik- und eine Hauswirtschaftsschule und veröffentlichte dreizehn Bücher. Unter Floristinnen und Gartenfreunden sind diese Bücher weit über das Inselkönigreich hinaus beliebt und lassen sich immer noch ab und an auf den Bücherregalen mancher Fachgeschäfte entdecken.

Am Krönungstag der jungen Königin war Constance Spry ebenfalls mitverantwortlich für ein speziell für diesen Anlass entwickeltes Rezept, das immer noch gerne zubereitet und gegessen wird: *Coronation Chicken*, das Krönungshühnchen. Wenige Jahre später veröffentlichte sie zusammen mit ihrer Freundin, der Köchin Rosemary Hume (1907–1984), das Kochbuch *The Constance Spry Cookery Book* (1956), das bis heute als ein Klassiker in britischen Küchen gilt. Die bislang letzte Neuauflage stammt aus dem Jahr 2011.

Angesichts dieser fortwährenden Wirksamkeit war es umso unerwarteter, dass es im Herbst 2004 anlässlich einer Constance-Spry-Ausstellung im Londoner Design Museum zu einer Kontroverse kam. Sue Shephard schildert in ihrer Spry-Biografie die Sachlage: Zwei prominente britische Designer und Mitbegründer des Museums, Terence Conran (Habitat-Möbelkette) und James Dyson (Dyson-Unternehmen), fanden, Blumenbinderei sei kaum ausstellungswürdig für ein Designmuseum. Dieses solle ernsthafte Techniken präsentieren und nicht die *high society mimsiness* einer Constance Spry. Aufschlussreich war, dass sie deren Arbeit mit einer Wortschöpfung von Lewis Carroll, die aus den englischen Wörtern für miserabel und fadenscheinig gebildet ist, charakterisierten. Sue Shephard machte das neugierig, und sie fragte sich, wer diese Constance Spry gewesen sei, die so einen Sturm in einer Vase erzeugte.

In den letzten Jahren werden Constance Spry und ihre floralen, zu ihrer Zeit bahnbrechenden Designideen anders wahrgenommen. Die Blumenkünstlerin wird inzwischen von einer neuen Generation von Designern und Floristinnen wiederentdeckt und als *doyenne of flowers* gewürdigt. Constance Sprys Prinzipien, saisonal, natürlich und frei von einschränkenden Traditionen und Regeln zu dekorieren, werden geschätzt und geteilt. Was das Interesse an der ihr gewidmeten Sonderausstellung im Londoner Garden Museum 2021 bestätigt hat.

Bei genauem Blick offenbart sich auch bei Constance Spry ein prägender Einfluss durch Gertrude Jekyll. Während Letztere der alten Gentry und Vita Sackville-West dem Hochadel entstammte und daher beide hinsichtlich finanzieller Basis, Bildungsmöglichkeiten und Netzwerken reichhaltig ausgestattet waren, um ihre Träume zu verwirklichen, begann Constance Spry ihren Weg in bescheidenen Verhältnissen. Beverley Nichols, der britische Schriftsteller, Gartenliebhaber und Freund, schrieb 1953 im Vorwort zu einem ihrer Bücher: »Constance hat, kurz gesagt, die höchste Gabe – die eigentlich der Kern aller Kunst und aller Erfindung ist –, die Dinge zum ersten Mal auf eine neue Art und Weise zu sehen und sie in ihrer Gesamtheit und losgelöst von Konventionen zu betrachten.«

Durch Klugheit, Durchhaltevermögen, Energie und natürlich durch viele glückliche Zufälle gelang ihr etwas Außergewöhnliches. Aus dem Mädchen aus einfachen Verhältnissen wurde eine kreative Unternehmerin und Lehrerin, die mit Menschen aller Schichten ebenso selbstverständlich Umgang pflegte wie mit Royals und Celebritys und die selbst als prominente Persönlichkeit des Nachkriegs-Englands galt. Neben ihren bemerkenswerten Leistungen, die sich dem Geschmackvollen im Alltäglichen widmeten, erweist sich auch ihr Leben als die ungewöhnliche Geschichte einer selbstbewussten, charmanten, künstlerisch begabten und sozial denkenden Frau des 20. Jahrhunderts. Obwohl sie für wohlhabende Auftraggeber arbeitete, war sie stets der Ansicht, Schönheit wie Gesundheit sollten keine Privilegien der Reichen sein. Schönheit war vielmehr für alle da, mehr noch, sie ermutigte zur Schönheit, die jeden erfreuen könne. Wer war diese Frau, die laut Beverley Nichols »Gold in ihrem Herzen« getragen, aber zugleich Schlamm und Kratzer an den Händen gehabt habe und der »eine graue und unruhige Welt« viel zu verdanken habe?

## *Mut zum Glück*

Constance Sprys Leben liest sich wie eine Aufstiegsgeschichte in der Zeit des Aufbruchs der Menschen in die moderne Welt. Industrialisierung und Urbanisierung veränderten die Gesellschaft, entwurzelten, schufen neue Arten des Zusammenlebens, boten Chancen und kreierten neue Lebenswelten. Während sich Gertrude Jekyll und Vita Sackville-West auf gewisse Weise vor den Umbrüchen der Welt in ihre Gärten zurückzogen, ergriff Constance Spry alle Möglichkeiten, die gerade jene Umbrüche ihr boten. Allerdings gab sie in ihren Büchern nicht allzu viele Details ihrer Biografie preis und schilderte ihr Leben vor den Zeiten ihres Ruhmes wohl eher auf romantische Weise. »Wenn ich meine eigene Gartengeschichte erzählen will«, schreibt sie im *Garden Notebook* von 1940, »muss ich weit zurückgehen in den alten irischen Garten meiner Kindheit, der im Rückblick immer sonnendurchflutet und voller Blumen gewesen zu sein scheint.«

Ihr Weg begann traditionell an der Seite ihres tatkräftigen, klugen Vaters, der ihr ein Vorbild war, sowie durch Förderung von Menschen, die Verbindungen und Einfluss hatten. Geboren wurde Constance am 5. Dezember 1886 als erstes Kind (fünf Brüder folgten) von George Fletcher und seiner Frau Henrietta Maria in Derby in den East Midlands. Da ihr Vater von einem leidenschaftlichen Drang nach Bildung erfüllt war, gelang es ihm, sich vom Lehrling und Telegrafisten bei der Eisenbahn bis zur Position eines höheren Beamten im Bildungsbereich emporzuarbeiten. Das ermöglichte der Familie schließlich einen komfortablen Lebensstil in gesellschaftlich angesehenem Umfeld. Der stufenweise Aufstieg war mit vielen Ortswechseln verbunden, bis die Familie 1900 nach Irland zog, wo der Vater Chief Inspector of Technical Education wurde, also die technische Ausbildung beaufsichtigte.

In Irland sah George Fletcher viel Elend, Not, Hunger, Krankheit und Hilflosigkeit. Er setzte sich dafür ein, dass es bald wie zuvor schon in England Kurse geben sollte, um Fachleute auszubilden, die in Wohnvierteln und Fabriken die Hygienestandards verbesserten und über Gesundheitsfürsorge informierten. In England arbeiteten bereits Frauen auf diesem Gebiet. Unterstützt von ihrem Vater begann Constance eine Ausbildung am Alexandra College in Dublin mit den Schwerpunkten Hygiene, Physiologie, Ernährung und Krankenpflege. 1905 ging die Neunzehnjährige nach London, um eine Ausbildung zur Gesundheitserzieherin zu machen.

Schon die kleine »Connie«, wie sie genannt wurde, hatte die Spaziergänge mit der Kinderfrau geliebt, die ihr die Blumen am Wegesrand zeigte und mit ihren alten, volkstümlichen Namen vorstellte. Am Alexandra College war sie oft in dessen herrlichem Garten unterwegs. Sie besuchte dort auch Vorlesungen über Botanik und Gartenkultur. Das Mädchen begann sehr bewusst, Pflanzen für sich zu entdecken, besonders die Schönheit von Rosen, die sie mit Erinnerungen und historischen Ereignissen verband.

Dem gesellschaftlichen Erziehungsideal und dem Wunsch ihrer ambitionierten Mutter entsprechend sollte die Heranwachsende lernen, sich wie eine junge Dame zu benehmen. Wenn sie sich dem auch nicht gänzlich entziehen konnte, so hielt sie sich doch lieber bei der Köchin auf, um von ihr zu lernen. »Unten fand man eine richtige Art von Tee«, so erinnert sie sich später, »Brot und Butter, hausgemachte Marmelade aus dem Glas, Brunnenkresse, vielleicht Krabben und seed cake (traditioneller mit Samen gebackener Kuchen) für zwischendurch. Man konnte auf seinen kochenden süßen Tee pusten oder ihn, wenn man wollte, aus einer großen Tasse in eine empfindliche Untertasse gießen.« Zudem liebte sie Hüte, nähte gerne und beobachtete genau die feinen Damen, die zum Tee oder zu Gesellschaften kamen.

Auf Wunsch der Mutter dekorierte sie dafür den Salon

mit Blumen. Die Gäste honorierten die ansprechende Schönheit ihrer Gestaltungen, und die junge Constance erhielt sogar eine Anfrage, bei Freunden der Familie ihr floristisches Talent unter Beweis zu stellen. Während sie dort erste fantasievolle Kreationen erprobte, gestattete ihre Mutter ihr dergleichen nicht im eigenen Haus. Im Abstand vieler Jahre blickte Constance Spry kritisch auf diese floralen Verschönerungen zurück, als sie »große Tische mit Farnen, Rosen und Nelken füllen« musste, wie sie schreibt, »und wenn ich zurückdenke, wird mir klar, dass ein großer Teil der ›Kreationen‹ vielleicht als Barrieren bei Familienstreitigkeiten taugten, aber als schöne Arrangements hatten sie wenig oder gar nichts zu bieten; sie waren, fürchte ich, einfach nur grotesk.«

Nach ihrer Ausbildung kehrte Constance nach Irland zurück und arbeitete bald für die Women's National Health Association. Diese führte im Kampf gegen Krankheiten und Elend eine regelrechte Kampagne, wobei die Mitarbeiter mit einem Pferdewagen quer durch das Land reisten, um über Hygiene, Krankenpflege und Ernährung zu informieren. Sie unterrichteten Kinder und Erwachsene und präsentierten Statistiken und Schautafeln, um Gesundheitsfürsorge zu vermitteln.

Das Schulungsteam war in den Herrenhäusern vor Ort untergebracht, sodass der Unterschied zwischen Tag und Nacht nicht größer hätte sein können. Tagsüber versuchte die junge Frau, Menschen zu bilden, die in beengten Verhältnissen mit winzigen Gärten und wenigen Blumen lebten und deren Dasein von Mangel und Überlebenskampf gezeichnet war. Ihre Abende bestimmte die Konversation mit Landadeligen, oft mit altmodischen Konventionen in

Häusern mit weitläufigen Gärten lebend. Neugierig beobachtete die schüchterne Constance, welche Pflanzen sie kultivierten und wie sie ihre Räume dekorierten. Manches blieb ihr im Gedächtnis, wie etwa ein Landhaus mit einem außergewöhnlichen Blumentisch, auf dessen Spiegeloberfläche viele gläserne, unterschiedlich gestaltete Vasen standen und der »wie eine Art Blumenaltar« wirkte. In jeder Vase steckte eine Blume oder ein exotisches Bouquet, was so charmant wirkte wie »ein interessantes Schmuckstück«. »Als Dekoration fehlte es an Einheitlichkeit«, wie sie kritisch bemerkt, »aber es war ein prächtiger Farbtupfer im Raum.«

Im April 1910 lernte die Vierundzwanzigjährige auf einer solchen Tour James Heppell Marr kennen, einen verwitweten Bergwerksleiter in den mittleren Jahren, der Vater einer kleinen Tochter war. Im Juli besuchte er sie in Dublin, und wohl zum Entsetzen der Familie gab sie ihre Arbeit in der Gesundheitsbildung auf und heiratete ihn im November. Sie erzählte nie, welche Blumen sie zu ihrer eigenen Hochzeit getragen hatte, sie, die als Mrs Spry dereinst den Hochzeitsblumenschmuck der High Society gestalten sollte.

Constance Marr folgte ihrem Mann nach Coolbawn im County Kilkenny, wo 1912 ihr Sohn Anthony zur Welt kam. Die Ehe mit dem verschlossenen, rauen Mann, der ihre Begeisterung für das Schöne nicht teilte und wohl auch gewalttätig wurde, entwickelte sich wenig harmonisch. Die junge Ehefrau fühlte sich isoliert und ernüchtert. Sie begann den verwilderten Garten am Haus neu zu gestalten, ließ sich Gartenkataloge schicken, studierte Pflanzanweisungen und lernte durch die praktische

Arbeit, was zu reicher Ernte und Blütenpracht führte. Nach dem Vorbild von Gertrude Jekyll und William Robinson brachte sie Strukturen, Linien und Farben in ihren Garten.

In der Küche verarbeite sie ihre Ernte und backte Brot. Hilfreiche Unterweisung bot ihr dabei das 1897 von Theresa Earle veröffentlichte *Pot-Pourri from a Surrey Garden*. Dieses »klassische Tagebuch einer viktorianischen Lady« präsentiert eine Mischung aus Anekdoten, Haushalts- und Gartentipps, Dekoration, Rezepten und Erziehungsratschlägen. Für Constance Marr wurde es zur Inspiration im täglichen Leben, mehr noch »zu einer Art Bibel«, wie sie in der Rückschau betont. Es befasste sich mit all dem, was die junge Frau interessierte. In ihrem Buch plädierte Theresa Earle, die mit Gertrude Jekyll freundschaftlich rivalisierend verbunden war, für die Gärtnerei als geeigneten Beruf für eine Frau. »Es kam mir sofort in den Sinn«, heißt es dort, »dass es durchaus möglich ist, dass sich aus dem modernen gesteigerten Geschmack für die Gartenarbeit eine neue Beschäftigung für Frauen mit geringen Mitteln entwickeln könnte.« Übrigens soll der Ehemann von Theresa Earle ihr einhundert Pfund geboten haben, damit sie ihr Buch nicht veröffentliche. Es wurde unmittelbar nach dem Erscheinen zu einem großen Erfolg, sodass noch im selben Jahr elf Auflagen gedruckt wurden.

Mit Kriegsbeginn 1914 meldete sich Constance' Ehemann zum Einsatz an der Front. Sie zog mit Stieftochter Joan und Sohn Tony nach Dublin, wo die drei in einer kleinen Wohnung lebten. Die Achtundzwanzigjährige fand eine Anstellung als Sekretärin des Roten Kreuzes. Umsichtig traf sie beruflich und privat Entscheidungen, die ihre Sicht auf das eigene Leben veränderten. Als am 24. April 1916 der Osteraufstand in Dublin ausbrach und tagelang in den Straßen gekämpft wurde, befand sie sich mitten im Geschehen. Tatkräftig und beherzt wirkte sie an der Versorgung und Organisation von Verbandsmaterial und Verpflegung für die Verwundeten mit. Sie war tief erschüttert von der Gewalt, aber auch der brutalen Reaktion der britischen Regierung, die die Anführer erschießen ließ.

Als ihr Mann von der Front zurückkam, kehrte auch sie mit den Kindern zurück in das eheliche Heim, von der Hoffnung erfüllt, ihre Beziehung möge sich verbessern. Doch ihre Ehe war am Ende – und die junge Frau war nicht mehr bereit, so zu leben wie bisher, und reagierte entschlossen. Sie brachte ihre Stieftochter zu deren Großeltern, nahm ihren Sohn und verließ James Heppell Marr ebenso wie Irland.

Im Nordwesten Englands begann sie als Fürsorgerin in der Wohlfahrtspflege ihr neues Leben. Bereits im Januar 1917 trat sie eine Stelle in leitender Position im Ministry of Munitions an, einem Ministerium der britischen Regierung im Ersten Weltkrieg, das die Produktion und Verteilung von Gütern für den Krieg beaufsichtigte und koordinierte. Constance Marr wurde Leiterin der Frauenabteilung, verantwortlich für Wohlfahrt und medizinische Behandlung.

Mit dem Ende des Krieges gewährte die Regierung mit einem neuen Gesetz allen Männern und Frauen – diesen jedoch erst ab dem Alter von dreißig Jahren – das Allgemeine Wahlrecht. Hatte man Frauen während des Krieges ermutigt, zahlreiche Aufgaben zu übernehmen, weil die

Männer an der Front waren, sollten sie allerdings nun zurück ins Haus. Constance Marr wollte nicht zurück. Wohin hätte sie auch gehen sollen?

Durch die Verbindungen ihres Vaters erhielt sie Kontakt zum Bildungsausschuss. In einem neuen Ansatz der Bildungspolitik versuchten die Verantwortlichen, jugendliche Fabrikarbeiter in Tageskursen auszubilden, wobei neben technischen Inhalten auch kulturelle Themen vermittelt werden sollten. Constance Marr erkannte das Potenzial dieses Ansatzes und wurde 1921 als Schulleiterin der Homerton and South Hackney Day Continuation School im Osten Londons eingesetzt.

In dieser Zeit, in der es viel zu viele Kriegswitwen gab, mag kaum jemand nach ihrem Gatten gefragt haben. Währenddessen existierte längst ein Mann in ihrem Leben, dem sie sich verbunden fühlte, von dem jedoch niemand etwas wissen durfte. Henry Ernest »Shav« Spry, sechs Jahre älter als Constance Marr, verheiratet und Vater von drei Kindern, war im Ministerium ihr Vorgesetzter gewesen. Nach dem Krieg setzte er seine Tätigkeit als Verwaltungsbeamter in Indien fort, sodass sich das Paar nur durch einen intensiven Briefwechsel nah sein konnte.

Als Henry Spry 1923 zurückkehrte, ließ sich Constance Marr scheiden und nahm den Namen Spry an. Da eine Heiratsurkunde oder Dokumente über eine Scheidung von Henry Spry fehlen, ist zu bezweifeln, dass die beiden laut Gesetz miteinander verheiratet waren. Scheidungen waren nach wie vor selten. Der mit ihnen verbundene gesellschaftliche Makel konnte durchaus negative Auswirkungen auf das Leben der Beteiligten und ihre Kinder haben. Aus Rücksicht auf seine Frau und die gemeinsamen Kinder könnte Henry Spry – im Gegensatz zu Constance –

von einer Scheidung abgesehen haben. Wie zu vielen ihrer biografischen Details äußerte sich Constance Spry dazu nie.

Die Herausforderung war groß, im East End, dem ärmsten Teil Londons, junge Menschen zu befähigen, durch praktische Bildung und den Kontakt mit Kunst und Musik Schönheit zu erfahren und sie mit Respekt und Freundlichkeit zu behandeln. Constance Spry berichtete, wie sie jeden Morgen mit dem Bus zur Arbeit fuhr. Manchmal nahm sie einen Korb voller Blumen mit, etwa Primeln, Narzissen, Rosen oder Phlox, was gerade in ihrem Cottage-Garten blühte. »Das Außergewöhnliche war, dass ich, glaube ich, nie den ganzen Inhalt des Korbes an seinen Bestimmungsort gebracht habe. Auf die eine oder andere Weise wurde er entlang meiner Route verstreut.« Ihre Blumen verschenkte sie an den Fahrer wie die Mitreisenden, die mit Worten oder Blicken darum baten. »Die Reise hörte jedoch auf, langweilig zu sein, und wurde zu einer gemütlichen, freundlichen Angelegenheit, die manchmal mit ein wenig Gartengeplauder belebt wurde, denn die Kleingärten hatten begonnen, sich zu entwickeln; aber häufiger noch mit Erinnerungen an Heimat und Jugend, persönlichen Erinnerungen an eine frühere, sonnigere Welt, die sich von Tag zu Tag mehr zu Sagen entwickelten, zu nostalgischen Erzählungen über Menschen. Das ist eines der Dinge, die Blumen für Sie leisten, sie reißen Barrieren nieder und sorgen für Freundlichkeit, sie zerbröckeln diese Mauer der Schüchternheit […] man könnte es vielleicht die Freimaurerei der Blumen nennen.« Ihrer tiefen Überzeugung nach hatten ein Garten und die Beschäftigung mit Pflanzen eine heilende, kräftigende Wirkung.

Als eine ihrer Schülerinnen Geld stahl und sich Papierblumen kaufte, war sie berührt zu hören, warum sie es tat: »Ich wollte nur etwas Schönes besitzen.« Sie begann die Schulräume mit Blumen zu dekorieren, um eine anmutige Atmosphäre zu schaffen. Ihre Schüler regte sie an, fantasievoll nach allem Ausschau zu halten, was als Vase dienen konnte. Sie selbst ließ sich von den Gemälden der alten niederländischen Meister voller prachtvoller, leuchtender Blüten, Blätter und Zweige zu ihren Dekorationen inspirieren.

### *Gärtnern, Kochen, Dekorieren*

All die Blumen, die sie verschenkte, hatte sie selbst gepflanzt und umsorgt. »Ich war zuerst und hoffe auch weiterhin Gärtnerin zu sein«, bekennt sie 1933 in der *Vogue* und erläutert, es sei »eine unerwartete Kombination von Umständen« gewesen, »die mich dazu brachten, beruflich etwas zu tun, was ich früher nur zur Entspannung gemacht habe, aber so gerne ich es auch tue, ich mag es nicht, wenn die Routine zu tief sitzt.« Es war dieser innere Antrieb, der sie ihr Leben lang motivierte und ihre Kreativität beflügelte. Daraus resultierten ihre beruflichen Veränderungen und mehrmaligen Ortswechsel im näheren oder weiteren Umkreis von London.

Denn so sehr sie die Metropole auch genoss, leben wollte sie auf dem Lande. Von der Old Rectory in Abinger, Surrey, nach Colney Park bei Alden, Hertfordshire, über Park Gate, Kent, bis nach Winkfield, Berkshire – von Ort zu Ort, von Grafschaft zu Grafschaft zogen neben dem Mobiliar auch ihre Sträucher, Stauden und Blumenzwiebeln um, ausgegraben, verpackt und neu

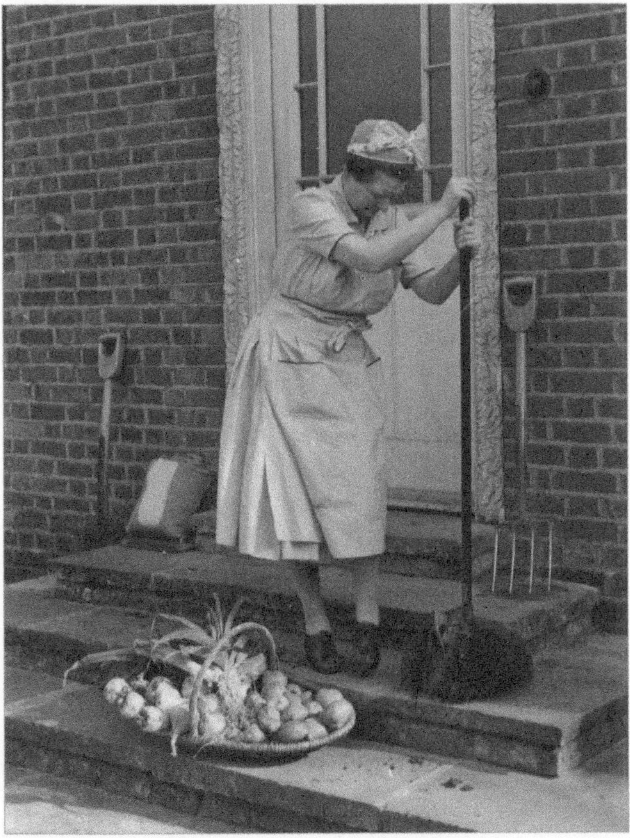

*Constance Spry in ihrem Element*

eingesetzt von ihrem Gärtner Walter Trower, der knapp dreißig Jahre für sie arbeitete. Constance Spry liebte ihre Madonnenlilien, Maiglöckchen, Hortensien, Chrysanthemen, Tulpen viel zu sehr, um sie zurückzulassen. Stets hielt sie Ausschau nach seltenen Kostbarkeiten, besuchte Gärtnereien, Blumenschauen und die Gärten anderer, bewunderte diejenigen von Vita Sackville-West in Sissinghurst, Kent, und Lawrence Johnston in Hidcote Manor, Gloucestershire. Dabei bevorzugte sie – ganz im Geiste William Robinsons – weder allzu gerade angeordnete Beete noch allzu akkurat aufgeräumte Gärten. Viele Samenstände ließ sie stehen, um sie später für ihre floralen Arrangements zu verwenden.

Über alles liebte sie jedoch Alte Rosen, die sie zusammentrug, wo auch immer sie ihr begegneten, bis sie eine der bemerkenswertesten Sammlungen alter Sorten besaß. Constance Spry war von dem Rosengarten Vita Sackville-Wests in Sissinghurst äußerst angetan. Doch erst als sie die Rosen von Norah Lindsay im Garten von Sutton Courtenay, heute Oxfordshire, sah, war sie so begeistert, dass sie selbst begann, alte Sorten zu sammeln. »Das ist für mich das, was ein Rosengarten sein sollte«, schwärmt sie, »die Apotheose der Rose.«

Norah Lindsay, die ihre Rosen »ihre Kinder des Junis« nannte, mag die ideenreichste Gartengestalterin der Zwischenkriegszeit gewesen sein. Anders als Gertrude Jekyll reiste sie viel, kannte die Mitglieder der feinen Gesellschaft, die sie oft einluden und als charmante Gesprächspartnerin wie begnadete Gärtnerin schätzten und beauftragten. Leider überdauerte kaum einer ihrer Gärten, und sie fand selbst nur wenig Zeit, um ihre Entwürfe und

Ideen schriftlich festzuhalten. Viele erkannten in Norah Lindsay eine würdige Nachfolgerin Gertrude Jekylls.

Constance Spry kaufte bei diversen Rosengärtnern in England, Schottland und Irland, erwarb aber auch Exemplare aus französischen und amerikanischen Gärtnereien, suchte in alten Gärten und erhielt einige Rosen von Freunden geschenkt. Sie erwarb außerordentliches Wissen über deren Herkunft, Merkmale und Eigenarten. Ihre Lieblingsrosen waren ›Cardinal de Richelieu‹, ›Charles de Mills‹, ›Nuits de Young‹, ›Tour de Malakoff‹ und ›Madame Isaac Pereire‹ – die heute vielfach erhältlich sind, doch zu der damaligen Zeit Seltenheiten waren.

Diese Frau, die die Floristik revolutionierte, pflanzte nicht die neuen, verbesserten Teehybriden und Floribundas, sondern hatte sich schon vor Langem in die Alten Rosen der romantischen Verse, botanischen Illustrationen, Kirchenrosetten, der Folklore und der Geschichten verliebt, da sie das Alte, das Vergangene repräsentierten. Sie schwelgte in dieser Leidenschaft zu einer Zeit, als in europäischen und amerikanischen Gärten moderne Rosen wuchsen und alte Sorten aus der Mode gekommen waren, sodass die Gärtnereien sie aus ihren Sortimenten strichen. Seit 1867 die erste Teehybride ›La France‹ eingeführt worden war, bezeichnete man die bisherigen Gartenrosen als Alte Rosen, während alle Teehybriden und die nach 1867 entstandenen als moderne Rosen gelten (was allerdings in Großbritannien nicht allgemein anerkannt wird).

Die modernen, langstieligen und öfter blühenden Rosen in leuchtendem Rot oder Gelb fand Constance Spry ganz und gar nicht ansehnlicher als die altmodischen mit ihrem Duft und ihren zauberhaften Blüten in Purpurrot, Rosé und schimmerndem Weiß. Ihr und einigen engagierten

Gleichgesinnten ist es zu verdanken, dass viele der ehrwürdigen alten Gartenrosen noch heute existieren. Als der Pflanzenkundler Graham Stuart Thomas das erste Mal ihre Gartenrosen sah, war er von Ausmaß wie Vielfalt überwältigt und überzeugt, es gäbe »nichts Vergleichbares in der heutigen Gartenbaukunst«. Ernüchtert stellte er fest, diese Rosen seien »gerade von der Generation, die sie am ehesten hätte schätzen sollen, traurig vernachlässigt« worden. Überrascht erkannte Thomas auch einige seltene Sorten, die während des Krieges auf dem Kontinent verloren gegangen waren und derweil behütet in Sprys Garten wuchsen. Vergleichbare, wenn auch keineswegs so umfangreiche Sammlungen besaßen nach seiner Ansicht nur Vita Sackville-West in Sissinghurst, Norah Lindsay in Sutton Courtenay und Leonard Messel, Onkel von Oliver Messel, dem berühmten Kostüm- und Szenenbildner, Architekten und Modeschöpfer, in Nymans, West Sussex.

Constance Sprys enzyklopädisches Wissen und ihre praktischen Erfahrungen machten sie zu einer anerkannten Gartenkoryphäe für all jene, die sie kannten und die ihre Bücher lasen, wie ihre Biografin Sue Shephard betont. In der öffentlichen Wahrnehmung dominiert jedoch das Bild einer Ikone der Blumendekoration ihrer Zeit, und sie war dabei so einflussreich, dass Beverley Nichols diese in eine Prä-Spry- und Post-Spry-Ära unterteilte.

Die Entwicklung dieser Frau aus einfachen Verhältnissen zu einer ikonischen Figur geschah wie zufällig und war den Bedingungen ihrer Zeit ebenso geschuldet wie ihrem Wesen, das sich nach Bewegung, Abwechslung und Stimulation sehnte und keineswegs in der Langeweile ewig gleicher Gewohnheiten verharren wollte. Leider hat sich dadurch keiner ihrer Gärten in der Form erhalten, um heutige Besucher mit ihren Gestaltungsideen vertraut zu machen, wenn auch hier und da etwas an sie erinnert. Wie bei Gertrude Jekyll bewahrten ihre Bücher ihre Ideen, wie etwa *Flowers in House and Garden* (1937), *A Garden Notebook* (1940), *Summer and Autumn Flowers* (1951) oder *Winter and Spring Flowers* (1951).

Der Auslöser dieses phänomenalen Wandels im Leben von Constance Spry führt zurück zu ihrer Tätigkeit als Schulleiterin im Londoner Osten. Während sie tagsüber die Klassenräume mit Blumen dekorierte, begann sie in ihrer Freizeit auf Wunsch von Freunden, Blumen für Partys in privaten Wohnungen in den besseren Stadtteilen zu arrangieren. Ihr missfielen sowohl die typischen Vasen dieser Zeit als auch die Art, wie man sie recht stereotyp verwendete. Stattdessen sah sie sich nach geeigneten Gefäßen um und arrangierte passend zum Raum lieber große, ausgewählt komponierte Sträuße, die die Blicke auf sich zogen und wie ein Kunstwerk im Raum wirkten.

Das sprach sich herum, und sie begegnete bald verschiedenen einflussreichen Menschen. 1927 lernte sie den Showbusiness-Unternehmer Sidney Bernstein kennen, der sie in ihrem Garten besuchte und sich von dessen Wildheit und üppiger Bepflanzung bezaubert zeigte. Die immer gleichen Blumen, die ihm sein West-End-Florist lieferte, langweilten ihn längst. Sie, die kreative Schulleiterin, sollte stattdessen die Blumen für seine Kinokette Granada auswählen und arrangieren. Auf einer Party begegnete ihr der Theater-Designer Norman Wilkinson, der von ihrer schöpferischen Intuition begeistert war. Gerade erarbeitete er für die Schaufenster der eleganten Londoner Atkinsons-Parfümerie die Ausstattung. Umgehend bat er sie, das Blumenarrangement zu übernehmen – und sie sagte zu.

Staunend standen die Menschen im November 1929 vor den Schaufenstern der Parfümerie in der Old Bond Street. Was sie sahen, war außerordentlich! In der Tat erinnerte die Opulenz ihrer Bouquets an die Gemälde der Blumenmaler des 17. und 18. Jahrhunderts, wie sie in der National Gallery zu sehen waren. Das Aufsehen war riesig. Menschenansammlungen bildeten sich, und der Verkehr stoppte. Auch die Mitglieder der mondänen Gesellschaft waren begeistert. Was für ein Wendepunkt. Die leidenschaftliche Amateurin ohne Floristikausbildung, aber mit einem ernsthaften, sozialen Blick auf ihre Umwelt verwandelte sich in eine geschätzte professionelle Blumendekorateurin.

Constance Spry gab ihre Lehrtätigkeit auf und stürzte sich in ein neues Abenteuer. 1929 eröffnete die fast Dreiundvierzigjährige ihr erstes Geschäft in 7 Belgrave Road im Londoner Bezirk Pimlico und nannte es »Flower Decorations Ltd.«. Das Dekorieren mit Pflanzen sah sie als Kunst, und dementsprechend bezeichnete sie sich und ihre Mitarbeiter als Künstler. Wenn sie mit den Pflanzen und Gefäßen zu den Häusern ihrer Kunden kamen, traten sie durch den Haupteingang ein, nicht, wie üblich für Dienstleister, durch den Dienstboteneingang.

Zu dieser Zeit ein Geschäft zu eröffnen war zweifellos mutig. Am 24. Oktober 1929 begann mit der Schließung der New Yorker Börse die Weltwirtschaftskrise. Doch Constance Spry hatte großen Erfolg und erhielt zahlreiche Aufträge von den angesehenen Mitgliedern der Elite; finanziell erfolgreich wurde ihr Unternehmen jedoch erst durch die Unterstützung von Henry Spry, der kaufmännisch versiert war. Sie stattete große Gesellschaften, Bälle und Partys aus und präsentierte 1932 ihren ersten Stand auf der Chelsea Flower Show. Später blickte sie allerdings kritisch auf die Anfangsjahre zurück: »[...] die Anfragen für Blumenarrangements kamen ohne Unterlass, und ich beschloss, ein kleines Geschäft zu eröffnen. Natürlich war ich von der Idee, ein eigenes Geschäft zu besitzen, völlig fasziniert, wahrscheinlich weil so etwas in meiner Jugend nicht geduldet worden wäre, aber ich machte den Fehler, den alle Anfänger machen. Ich war zu nervös, um ein Geschäft in einer wirklich guten Lage zu wagen, und habe stattdessen ein kleines Geschäft an einem abgelegenen Ort genommen [...] Das ist finanziell gesehen fatal.« Als das Geschäft florierte, zog sie deshalb in die 4 Burlington Gardens und 1934 in die 64 South Audley Street in Mayfair um und beschäftigte bis zu siebzig Mitarbeiter.

Im selben Jahr erschien auch ihr erstes Buch *Flower Decoration*, sie gab Floristikkurse und gründete schließlich selbst in ihren neuen Räumlichkeiten die »Constance Spry Flower School«. In der Vermittlung dekorativer Fähigkeiten ging ihr Anspruch weit über die Auswahl der Blumen hinaus, sie inspirierte zur Schönheit im eigenen Dasein. »Tun Sie, was Ihnen gefällt. Folgen Sie Ihrem eigenen Stern«, ermutigt sie die Teilnehmenden. »Seien Sie originell, wenn Sie es sein wollen, und nicht, wenn Sie es nicht sein wollen. Seien Sie natürlich und fröhlich und unbeschwert und hübsch und einfach und überbordend und allgemein und barock und kahl und streng und stilisiert und wild und gewagt und konservativ. Und lernen und lernen und lernen Sie. Öffnen Sie Ihren Geist für jede Form der Schönheit.«

Wenn Constance Spry auch auf so nachhaltige Weise durch ihre schöpferischen Blumenarrangements wahrgenommen wurde, war das Konzept durchaus nicht neu. Das im 18. Jahrhundert wachsende Interesse an der Gartenkunst wirkte sich auch auf die Innendekoration mit Blüten und Pflanzen aus. Von überall her aus der ganzen Welt gelangten reizvolle, exotische Pflanzen auf die Britischen Inseln. Sie waren ebenso Prestigeobjekte der Wohlhabenden – in den Landhäusern wurden Pflanzen gerne in den Ecken der großen Hallen platziert – wie Kunstwerke und Einrichtungsgegenstände.

Wie sollte ihre Schönheit präsentiert werden? Künstler und Handwerker beschäftigten sich mit der Herstellung adäquater Behältnisse, die selbstverständlich dem Bedürfnis nach Pracht und Repräsentation entsprechen mussten. Viele neue Formen von Vasen und Wandbehältern entstanden, oft in Garnituren gefertigt. Die neuen Designideen orientierten sich häufig an den bekannten Tulpenvasen mit einzelnen Öffnungen oder Pyramidenvasen, vielfach mit Sockeln, Füßen oder geschwungenen Bögen. Nicht immer waren derartige Gefäße mit Blumen bestückt, sondern sie zierten selbst als Dekoration die Salons und Gesellschaftsräume. Enthielten sie Blumen, konnten diese frisch, getrocknet oder künstlich produziert sein. In ganz Europa entwickelten sich Manufakturen, die insbesondere Frauen mit der Fertigung von erlesenen Blumen aus Seide, Papier, Glas, Muscheln und anderen Materialien beschäftigten.

Was an der Herangehensweise von Constance Spry so überraschte, waren Originalität und unkonventionelle Kreationen. Sie verband in ihren Arrangements klassische Blüten mit wenig geschätzten Pflanzen, kombinierte

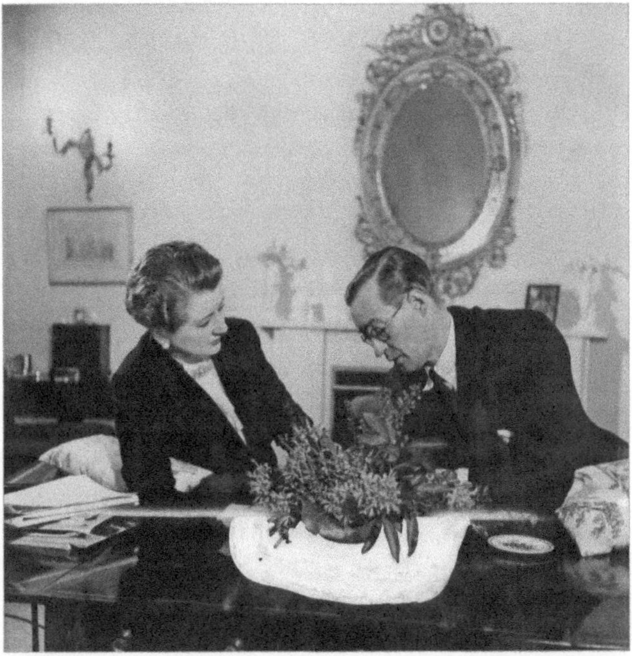

*»Öffnen Sie Ihren Geist für jede Form von Schönheit.«*
*Constance Spry und der Journalist Macdonald Hastings*

kultivierte mit wilden Blumen, da sie überzeugt war, deren Lebendigkeit erschaffe Stimmungen und reflektiere, ja rufe Erinnerungen wach. Konventionen hätten etwas getrennt, das die Natur nie voneinander separierte. »Regeln sind dazu da, um gebrochen zu werden«, vermittelt sie ihren Schülerinnen, um bei deren überraschten Blicken zu ergänzen: »auf die *geeignete Weise*«. Darüber hinaus betonte sie stets den subjektiven Ausdruck der Verschönerung: »Ich bin der festen Überzeugung, dass die Kunst des Blumenarrangierens für jeden ein Mittel zur Selbstdarstellung sein sollte und dass niemand sich scheuen sollte, seine Gefühle für Farben und Linien durch dieses Medium auszudrücken.«

Zu den beliebten langstieligen Rosen, Lilien und Nelken, bisher bevorzugt in Silber- oder Kristallvasen präsentiert, mischte sie Heckenblumen, Trauerweide, Wildkräuter, Gräser und Zierkohl, Artischocken, Cannas oder Kürbisse. Möglich waren auch Magnolienblüten oder Rosen mit unerwarteten Partnern wie Walderdbeeren oder Rosskastanienblättern. Dadurch veränderte sie die Betrachtung dessen, was es wert war, dekorativ genutzt zu werden, indem sie die Auswahl ungewöhnlicher, bisher nicht als floristisches Material angesehener Gewächse erweiterte und damit einen floralen Designtrend schuf, der sich bis heute etabliert hat. Bis zu dieser Zeit herrschten die Standards aus der edwardianischen Epoche. So war es äußerst vulgär, verschiedene Schnittblumen zu kombinieren, und gemischte, vor allem mehrfarbige Arrangements verrieten einen Mangel an gutem Geschmack oder bezeugten das Fehlen eines fachgerechten Schnittgartens oder eines Gewächshauses, um Sträuße mit passenden Blüten zu liefern.

Ebenso unkonventionell war Constance Spry bei der Auswahl der Behältnisse, die den Zeitgenossen gewagt erschienen. Sie durchstöberte Dachböden und klapperte Trödelläden ab, sie verwendete Saucieren, Terrinen-Deckel, Vogelkäfige, Strohhüte, Backformen oder Gefäße aus unglasierter weißer Keramik, Muscheln haltende Hände, abnehmbare Trompetenvasen oder Vasen in Form von Knospen oder Blumen, ideal für zarte, kleine Sträuße aus gemischten Blüten, die Constance Spry wieder in Mode gebracht hatte. Das Motiv der Hand, gerne lebensgroß und aus Marmor geschnitzt, auf Büchern oder Kissen ruhend, war ein populäres Andenken aus der Zeit der Viktorianer. Königin Viktoria hatte beispielsweise die Hände aller ihrer Kinder in Marmor formen lassen. Wünschten Kunden, sie möge die Blumen in herkömmlichen Glasvasen oder silbernen Rosenschalen arrangieren, öffnete Constance Spry liebend gerne deren Küchenschränke und verwendete stattdessen Schalen, Tassen, Servierplatten oder Brotbehälter. Oder sie brachte ihre eigenen Vasen mit, was dazu führte, dass sie eine eigene Serie schlichter, flacher und minimalistisch eleganter Art-déco-Vasen bei der Firma Fulham Pottery herstellen ließ, die diese bis in die Mitte der 1950er-Jahre produzierte. In *Flowers in House and Garden* heißt es: »Beim Entwerfen von Vasen für Flowers Decorations Ltd. stellte ich fest, dass längliche Vasen und Schalen besonders gefragt waren, die auf einen schmalen Kaminsims passten […] sie werden entweder für weit ausladende oder für alle fächerförmigen Arrangements verwendet.«

Sie bedauerte das Verschwinden handwerklich erzeugter Gegenstände mit individuellem Charme und Charakter. Mit den in Massenproduktion erzeugten, beliebig auswechselbaren Gütern sei es schwierig, individuelle Räume zu gestalten. »Die sich wiederholenden Muster und Designs, die man in den Geschäften sieht, lassen mich in unheilbarer, erschöpfender Langeweile gähnen«, äußert sie verstimmt, »alles sieht gleich aus, so unpersönlich, banal, ein Wust von Gewöhnlichkeit.« Auch bei der Züchtung neuer Pflanzen gehe es allein um mehr Farbkraft, Größe und ums Auffallen.

Trotz ihres Erfolges blieb sie der Idee verpflichtet, nicht nur Wohlhabende sollten sich Schönheit leisten können. In ihrem Buch *A Millionaire for a Few Pence* (1957) empfahl Constance Spry, Grünkohlblätter mit leuchtend roten Rosen zu kombinieren, Marmeladengläser als Behälter zu nutzen und einzelne Blüten in eine Vase zu stellen. Mit ein paar Blumen und ein wenig Fantasie sei das Leben zu verschönern.

Ihr Ruf eilte ihr in allen Gesellschaftsschichten voraus, und so wurde auch die Designerin Prudence Maufe auf Constance Spry aufmerksam. Sie beauftragte sie im Januar 1932 mit der floralen Dekoration für die Eröffnung des neuen Kunstateliers von Gluck (1895–1978). Geboren als Hannah Gluckstein, nahm die Malerin in den 1920er-Jahren den geschlechtslosen Namen Gluck und ihren androgynen Stil an, um ihre persönliche und künstlerische Identität zu bestimmen. »Ich denke«, schreibt Maufe an Gluck, Mrs Spry »hat ein Talent für Blumen, und Sie haben ein Talent für die Malerei, also sollte das eine glückliche Fügung sein.« Sprys Angestellte führten diesen Auftrag aus, und Gluck war begeistert und fing sofort an, das florale Arrangement zu malen. Über mehrere Monate hinweg ließ Gluck es stetig erneuern.

Constance Spry wurde neugierig und kam eines Tages selbst in Glucks Haus. Zwischen beiden begann ganz allmählich eine innige Liebesbeziehung, die nicht zuletzt auf dem Gleichklang ihrer künstlerischen Kreativität basierte. Zu dieser Zeit war Constance Sprys Beziehung problematisch geworden. Shav Spry hatte eine Liebesbeziehung mit Val Pirie begonnen, einer engen Mitarbeiterin und Freundin seiner Frau, die er nach Constance' Tod auch heiraten sollte. Wahrscheinlich wusste Constance Spry bereits von dieser Affäre und hatte beschlossen, sie zu ignorieren.

Gluck teilte Sprys Ansicht, ihre Arbeiten mit Blumen seien eine Kunstform, und malte in den 1930er-Jahren zahlreiche Blumenarrangements. Beide verband ihre Liebe zur Natur, sie bewunderten die vielfältige Schönheit der Pflanzen, Farben und Formen. Gemeinsam bereisten sie das Land, um Gärten zu besuchen. Während Constance Spry Stecklinge und Samen sammelte und sich Notizen für ihre Bücher machte, skizzierte Gluck. Wohl als ein Zeichen der Liebe und Verehrung schenkte Gluck der Geliebten das Gemälde *Flora's Cloak*, das in den verschiedenen Wohnhäusern von Constance Spry hing und zeitweise auch in ihrem Geschäft, wo es die Mitarbeiterinnen liebevoll »Interflora« nannten. Inzwischen befindet es sich in der Tate Gallery, London.

Das Bild von Sprys erstem Blumenarrangement für Gluck bildete schließlich 1932 das Herzstück des »Gluck Room«, in den sich die Galerie im Erdgeschoss der Fine Art Society in London verwandelt hatte, ein Raum mit getäfelten Erkern und Pilastern mit Blumendekorationen von Constance Spry sowie Blumengemälden von Gluck. *Chromatic* war das Highlight dieser bahnbrechenden Ausstellung und verdeutlicht, wie sehr Gluck von Sprys floristischem Arrangement beeinflusst war. Constance Spry beeindruckte wiederum, wie es »die Zartheit und die Kraft, die Feinheiten und die Erhabenheit der weißen Blumen« hervorhebe. Dazu sei es »auch für diejenigen von Interesse, die die Gemälde der alten flämischen Meister bewundern, da wir hier eine moderne Künstlerin haben, die Blumen in einer großzügigen und dekorativen Art und Weise malt, aber mit der gleichen zarten Präzision und dem gleichen Gefühl, das die Arbeit dieser Männer charakterisiert.«

Obwohl ihre Beziehung 1936 endete, malte Gluck bis in die frühen 1940er-Jahre weitere Blumenbilder. Die beiden sahen einander nie wieder.

Spry und Gluck waren durch ihr Schaffen zu dieser Zeit beteiligt an einer dekorativen Bewegung, die das Innendesign revolutionierte und vom Geschmack und der kreativen Energie einer Reihe von *lady decorators*, so die *Vogue*, geprägt war. Spry fertigte Blumendesigns an, um die Räume vieler der wichtigsten Innenarchitekten wie Norman Wilkinson oder Oliver Hill zu ergänzen. Gluck malte nicht allein, sondern entwarf auch maßgefertigte Rahmen, die das Problem lösten, Gemälde in ein modernes Dekor zu integrieren. Sie komplettierten insbesondere Syrie Maughams extravagante, ganz in Weiß gehaltene Innenräume.

Weiß bestimmte den Trend der Zeit, der sich stets rasch gewandelt hatte. 1920 war Schwarz groß in Mode gewesen, gefolgt von Silber, und nach der Entdeckung des Grabs von Tutanchamun war Ägyptisches en vogue. Mit den Ballets Russes erlebte ein exotischer Orientalismus einen Aufschwung, bis ein schlichtes Weiß als das Nonplusultra

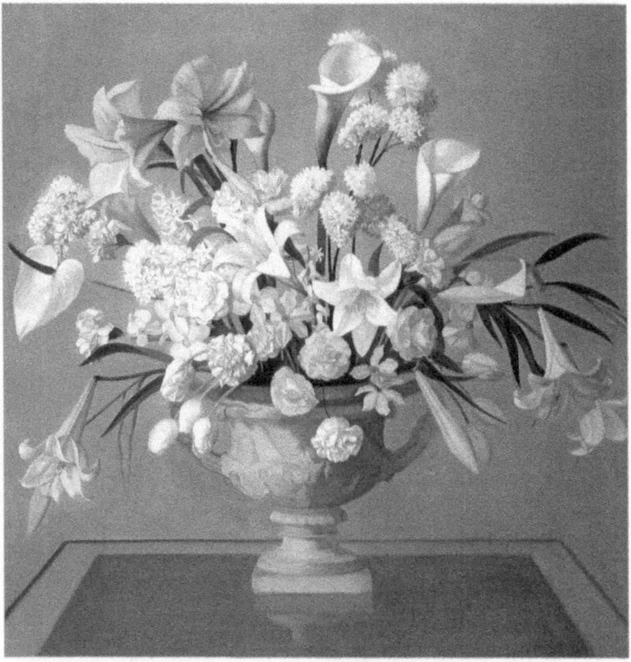

*»... die Zartheit und die Kraft, die Feinheiten und die Erhabenheit der weißen Blumen.«*
*Constance Spry über Glucks ›Chromatic‹ von 1932*

galt. In den Häusern der Reichen und den Theatern strahlten das Dekor, die Blumen und Möbel sowie die Kleidung in Weiß.

In den 1930er-Jahren machten Royals und Stars aus dem Film das weiße Hochzeitskleid, zurückgehend auf Königin Viktoria, die 1840 Prinz Albert in einem Traum in Weiß samt Orangenblüten im Haar verzauberte, zum Favoriten jeder Braut. In der ersten Etage ihres Geschäftes in der South Audley Street richtete Constance Spry ein Hochzeitszimmer ein, wo sich die heiratswilligen Damen mit ihren Müttern einfanden, um sich Kopfschmuck, Bouquets und Entwürfe für den Kirchenschmuck zeigen zu lassen. Leicht und zauberhaft, sollten Blüten sie wie Juwelen schmücken. Sprys innovative halbmondförmige Brautsträuße waren sehr gefragt.

Wobei nicht jeder den neuen Ansatz in Fragen der Blumendekoration begrüßte, vor allem die Kirchenverantwortlichen sträubten sich gegen derartige Neuheiten. Als Lady Lutyens im Februar 1930 wünschte, dass Constance Spry anlässlich der Hochzeit ihrer Tochter Mary die Blumen in der Kirche St Margaret's, Westminster, arrangierte, war man dort sehr unwillig. Aber die Frau des berühmten Architekten Edwin Lutyens setzte sich durch, und in der Presse lobte man insbesondere das Blumendekor, was es von nun an einfacher machte, in Kirchen zu dekorieren.

Im Januar 1933 kreierte Constance Spry den Blumenschmuck für Nancy Beatons Hochzeit, Schwester des berühmten Fotografen Cecil Beaton, der das Ereignis choreografierte und seine Schwester wie eine Schneekönigin inszenierte. Dabei hatte Spry den genialen Einfall, die

Brautjungfern mit einer Girlande aus Frühblühern zu verbinden, was effektvoll das Gefolge einer Schneekönigin verkörperte. In der *Vogue* stand: »Der Blumenschmuck in der Kathedrale, von Mrs Spry gefertigt (eine der wichtigsten Figuren hinter den Kulissen des gesellschaftlichen Lebens), war ganz in Weiß gehalten, mit allen Arten von Lilien und ein wenig Pampasgras. Spezielle grüne Hortensien und Eukalyptus waren ebenfalls zu sehen.«

Zu ihren gewagtesten Darbietungen zählen die großen Urnen mit blühender Kuh-Petersilie, mit denen sie 1938 die Hochzeit der Politiker Jo Grimond und Laura Bonham Carter schmückte. In Anspielung auf Constance Sprys ungewöhnliche Pflanzenauswahl kursierte zu dieser Zeit eine Redewendung, wenn eine unpassende Vase mit unattraktiven Blumen zu sehen war: »Ah, Constance Spry – keine Kosten und Mühen wurden gescheut!«, wie ihre Biografin Sue Shephard herausfand.

Edward, Prinz von Wales, wie auch Wallis Simpson gehörten schon länger zu Constance Sprys Kunden. Den charmanten Prinzen hatte sie als sensiblen, freundlichen Mann erlebt, wenn sie mit ihrem Team regelmäßig seinen privaten Rückzugsort in Fort Belvedere schmückte. Sie bedauerte seine Abdankung und war erfreut, als sie den Auftrag erhielt, 1937 seine Hochzeit mit Wallis Simpson in Frankreich zu dekorieren. Die Braut trug ein Kleid von Elsa Schiaparelli, und Cecil Beaton fotografierte das Ereignis. Während die amerikanische und die französische *Vogue* von der Hochzeit berichteten, ignorierte die englische Ausgabe diese vollends. Hamish Bowles, der europäische Chefredakteur, kommentierte die Fotos mit den Worten: »*Die* Floristin des Augenblicks, *die* Frau des Augenblicks in einem Kleid *der* Designerin des

Augenblicks, *des* Fotografen des Augenblicks [...] was will man mehr.«

Die Royals waren *not amused.* Erst 1947 erhielt Constance Spry wieder einen Auftrag vom Buckingham Palace, als sie gebeten wurde, den Blumenschmuck anlässlich der Hochzeit von Prinzessin Elizabeth mit Philip Mountbatten zu arrangieren. Sie gestaltete das Bouquet der Prinzessin mit auf der Insel gezogenen Orchideen, das in verkleinerter Version später etwa bei Jacqueline Kennedy als Brautschmuck wiederzuentdecken war.

Insbesondere die Hochzeiten von Nancy Beaton und Wallis Simpson mehrten Constance Sprys Ruhm in den Vereinigten Staaten. Gleichfalls schwärmten ihre amerikanischen Kunden in London von ihren Fähigkeiten. So lud man sie 1937 nach New York ein, um zwei Vorträge vor der Frauenhilfsorganisation des Botanischen Gartens von Brooklyn zu halten. »Ich musste erst noch etwas über die extreme Begeisterung der amerikanischen Frauen für ihre Blumen, ihre Gärten und ihre Häuser lernen«, meinte sie zwar, doch dann faszinierte Constance Spry ihre Zuhörerinnen mit Bildern von Arrangements, in denen sie Brombeeren mit zarten Rosen oder auf originelle Weise Zierblumen mit Heckenpflanzen kombinierte. Anschließend begab sie sich auf eine Vortragsreise durch die östlichen und südlichen Staaten, gab Radiointerviews und besuchte gesellschaftliche Veranstaltungen. Während ihres Aufenthalts machte sie sich überall Notizen von dem, was sie wachsen sah, was für sie neu war und ihr Interesse weckte. Ebenso besuchte sie Weihnachtsmessen und -märkte, um sich für ihre Weihnachtsgestecke inspirieren zu lassen. Der Enthusiasmus dieser Begegnungen mündete letztlich zwar in die Gründung eines Geschäftes in New York, dem angesichts des Krieges jedoch wenig Erfolg und nur eine kurze Existenz unter der Leitung von Constance Spry beschieden war.

Aufgrund der angespannten Versorgungslage während des Zweiten Weltkrieges konzentrierte sich Constance Spry besonders auf die Arbeit in Garten und Küche. Zum wiederholten Male war es der Weg in den Garten, der sich im wahrsten Sinne des Wortes als Hilfe zum Überleben anbot. »Blumen zu züchten« und »zwischen Pflanzen und Erde zu arbeiten« bringe, wie sie betont, »eine starke und unnennbare Befriedigung mit sich« und sei »ein Heilmittel für zerrissene Nerven«. Sie dachte dabei allerdings nicht allein an sich, an Familie und Freunde, sondern auch an andere.

In der Tat erhielt sie vom Ministerium für Information eine wichtige Aufgabe. Sie ging auf eine Vorlesungstour durch das Land, um Frauen, die im militärischen Dienst und in Fabriken arbeiteten, aufzumuntern, *to lift people's spirits*, wie es hieß. Was sehr positiv von den Frauen aufgenommen wurde. Constance Spry erreichten noch Jahre später Briefe mit Dankesworten. Ganz im Geiste dieser praktischen und moralischen Hilfe verfasste sie ein Buch, das bereits im Titel ihr lebensbejahendes Motto führte: *Come into the Garden, Cook* (1942). Schnell wurde es zu einem großen Erfolg, wobei es der Autorin ein Anliegen war, die Menschen in der Kultivierung und Verarbeitung von Gemüse zu unterweisen. »Gemüse könne die Nahrung der Götter sein«, war sie überzeugt. Erstaunlicherweise dokumentiert das Buch trotz der angespannten Situation ihre überaus positive und fantasievolle

Herangehensweise an das Thema. »Der Verzicht auf Blumen, um Platz für Gemüse zu schaffen, ist nicht nur ein Kriegsopfer, es sei denn, man tut es widerwillig«, stellt sie fest. »Wenn Sie Ihr Bedauern hinter sich lassen, empfinden Sie vielleicht unerwartete Freuden am Gemüseanbau. Gewiss, die Planung und Pflege eines Gemüsegartens erfordert Geschmack, Fantasie und Weitsicht. Abgesehen von der Befriedigung, Lebensmittel zu liefern, und zwar sehr gute, kann man aus einem Gemüsegarten etwas sehr Angenehmes für das Auge machen, sogar für einen guten Teil des Winters.«

Auf amüsante und kluge Weise vermittelt sie Wissen und praktische Tipps, wobei sie bei der Zusammenstellung von Rezepten und Ratschlägen viele Freunde unterstützt hatten. Darunter auch die Köchin Rosemary Hume, die 1933 zusammen mit Dione Lucas die Londoner Kochschule L'Ecole du Petit Cordon Bleu eröffnet hatte, die jedoch im Krieg geschlossen war. Aus ihrer gemeinsamen Arbeit entwickelte sich nahezu folgerichtig eine Verbindung aus Dekoration, Kochen und Hauswirtschaft, zumal das Kriegsende Frieden und Sicherheit brachte, doch weitere Jahre mit Mangel und Beschränkungen bereithielt. »Nur weil wir eine andere Lebensweise annehmen müssen, muss sie nicht unattraktiv sein«, schlussfolgerte Constance Spry – und wagte etwas Neues. In der Zeitschrift *Country Life* sah sie die Verkaufsanzeige für das Anwesen Winkfield Place, Berkshire. Kurz entschlossen kaufte die knapp Sechzigjährige den Besitz. Zusammen mit Rosemary Hume eröffnete sie eine Hauswirtschaftsschule in dem weißen Landhaus im georgianischen Stil, eingebettet in weite Gärten am Rande des Windsor Forest und auf halben Weg nach Ascot.

Wenn auch Rosemary Hume zweifellos die Koryphäe in der Küche war, teilte Constance Spry doch die Wertschätzung dieser Tätigkeit und meinte: »Kochen ist eine Kunst. Die Küche sollte in den Status eines Ateliers erhoben werden, so wie es in manchen Häusern der Fall ist, in denen die Herrin des Hauses Köchin ist.« In dieser Zeit, als die Rationierung der Lebensmittel zu Ende ging, war die Sehnsucht nach Raffinesse groß. Zugleich mussten unzählige Frauen nun der Herausforderung trotzen, beruflich tätig zu sein und im Haushalt ohne Dienstboten auszukommen. Constance Spry war überzeugt, »in der unweigerlich schwierigen Welt von morgen« könnten einer jungen Frau Kenntnisse von Gartenarbeit und Kochen »zusätzliches Vertrauen in das Leben geben«. Beides sei gar ein »Talisman in Zeiten von Stress« und verleihe »ein beruhigendes Gefühl von Unabhängigkeit und Macht«. Ihrer Ansicht nach gebe es nach wie vor zwei Arten von jungen Frauen: die *Marthas* und die *Marias* oder mit anderen Worten »den Schmetterling und den Blaustrumpf«. Während die Marthas ermutigt würden, »hübsch auszusehen, sich gut zu kleiden, göttlich zu tanzen, kurzum, attraktiv, sogar glamourös zu sein«, sporne man die Marias zu schulischen Erfolgen an unter dem Motto: »Sei clever und du wirst glücklich sein.« Wie erfolgversprechend Letzteres sein konnte, verkörperte Constance Spry als innovative Geschäftsfrau selbst am besten.

Im Jahr 1952 erhielt Constance Spry den zweifellos bedeutendsten Auftrag ihrer Karriere, nämlich die Blumendekoration bei der Krönung Elizabeth II. 1953 zu beaufsichtigen. »Was dann folgte«, schreibt sie begeistert, »glich dem Kindheitstraum, sich in Aladins Schatzhöhle

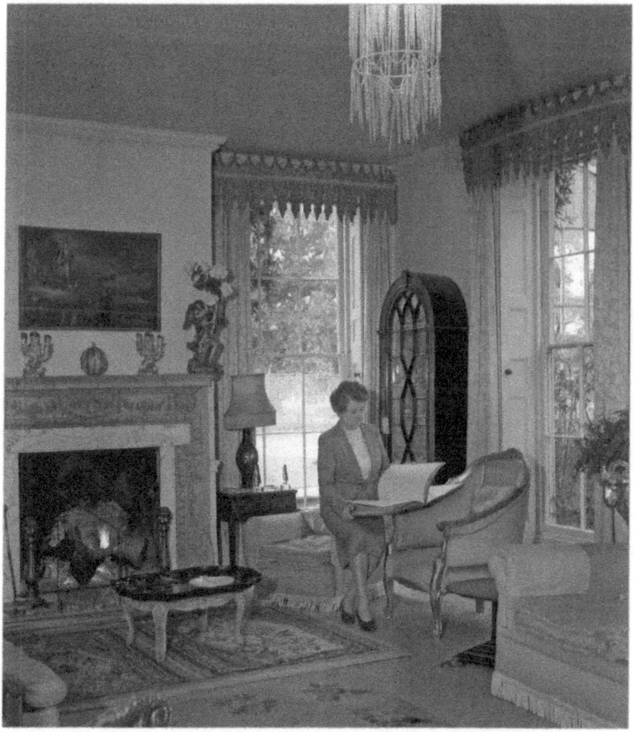

*Die Doyenne der Blumen in ihrem Landhaus*
*Winkfield Place, Berkshire*

wiederzufinden, mit der Freiheit, alles und jeden zu wählen, ohne dass die Erwachsenen sich einmischen [...].«

Ihr Auftrag umfasste nicht allein die Ausschmückung der Westminster Abbey, sondern auch die florale Verschönerung diverser Festessen und des zeremoniellen Weges vor dem Buckingham Palace. Hierfür hatte man unzählige Kisten voller Blumen aus dem ganzen Commonwealth angefordert. Ihrem Stilempfinden folgten der Chefdesigner Eric Bedford und der Minister für öffentliche Arbeiten David Eccles, indem sie sich auf eine schlichte Farbpalette mit den heraldischen Farben Scharlach, Hellblau und Gold einigten. Für ihre Leistungen anlässlich dieses Ereignisses wurde Constance Spry in den Order of the British Empire aufgenommen. Das thematisch passende Buch *Party Flowers* (1955) erschien wenig später.

Die Winkfield-Schule erhielt zudem den Auftrag zur Ausführung des Krönungsessens. Rosemary Hume entwickelte anlässlich dessen das Rezept »Poulet Reine Elizabeth«, weithin als *Coronation Chicken* bekannt, und die Schülerinnen bereiteten das Mittagessen für mehr als dreihundert Gäste zu. Da das Rezept vorher veröffentlicht wurde, konnten all jene, die auf den Straßenfesten im ganzen Land feierten, das Gericht nachkochen und genießen. Das 1956 zusammen mit Hume veröffentlichte Kochbuch *The Constance Spry Cookery Book* enthält selbstverständlich auch das berühmte Rezept. Der Titel irritiert etwas, aber wenngleich Hume die versiertere Köchin war, so besaß ihre Freundin zweifellos den berühmteren Namen.

Mit steigender Bekanntheit war Constance Spry auch ein begehrter Gast auf den Floristikwettbewerben, die nun in wachsender Zahl im ganzen Land populär wurden. Wobei sie den Wettbewerbscharakter ablehnte und nachdrücklich für individuelle, vom persönlichen Schönheitsempfinden geprägte Arrangements plädierte.

Ihre Energie schien unerschöpflich. Bewunderer waren erstaunt, und Kritiker – für die sie längst selbst zu einem High-Society-Snob mit starrer Lehrmeinung geworden war – gaben sich unbeeindruckt. Annie Scott-James, Journalistin und Freundin, schrieb begeistert: »Wenn man einen Tag mit ihr verbrachte, kochte sie ein fünfgängiges Essen, das ein gastronomisches Gedicht war, füllte ein Dutzend Vasen mit Blumen, während man das Mittagessen einnahm, backte drei Sorten Scones zum Tee, während man seinen Kaffee trank, schrieb einen Artikel, während man die Scones aß, und pflückte einen Korb voller Blumen zum Mitnehmen, während man den Artikel las.«

Auf einer letzten Vortragsreise besuchte sie 1959 Australien und präsentierte vor zahllosen begeisterten Zuhörerinnen ihre Dekorationen. Für das kommende Jahr hatte sie bereits viele Ideen und Pläne entworfen. Doch es kam anders. Am Abend des 3. Januar 1960 stieg sie nach dem gemeinsamen Essen mit Freunden die Treppen zu ihrem Wohnraum hinauf, stolperte unglücklich und fiel. Man brachte sie in ihr Bett, und eine Stunde später verstarb sie. Ihrem Wunsch entsprechend, wurde ihre Asche verstreut und kein Grabstein gesetzt. Ihr Unternehmen, nun unter dem Namen Constance Spry Ltd. firmierend, bestand in verschiedenen Formen und unter mehreren Geschäftsführern bis zur endgültigen Auflösung im Jahr 2008 weiter.

Hätte sich Constance Spry ein passenderes Denkmal wünschen können als die prächtige Hybride, die der britische Rosenzüchter David Austin kreierte? Diese Rose war ein Meilenstein seiner Arbeit und die Erste seiner

Serie von Englischen Rosen. Anders als die meisten seiner späteren Sorten erfreuen ihre nach Myrrhe duftenden rosafarbenen Blüten nur einmal im Sommer unsere Sinne. Graham Stuart Thomas, der als junger Mann Gertrude Jekyll kennengelernt hatte und sich im National Trust für die Bewahrung von Sissinghurst einsetzte, war so begeistert von Austins ›Constance Spry‹, dass er sie als Erster in den Verkauf aufnahm.

Vielleicht erfreut auch Sie der Anblick dieser Rose und erinnert Sie an die genannten Gartenkünstlerinnen in der Weise, wie es Constance Spry einmal formulierte: »Wenn etwas wirklich schön ist, bin ich zufrieden damit, es zu betrachten und dann loszulassen; auch wenn man denkt, dass man es vergisst, vergisst man es nie, und oft, wenn der Verstand weit davon entfernt zu sein scheint, taucht plötzlich ein Bild auf, und man sieht es wieder vor sich.«

# *Literatur*

## *Literatur von und zu Gertrude Jekyll*


Richard Bisgrove, Die Gärten der Gertrude Jekyll, Stuttgart 1994.

Jane Brown, Gardens of a Golden Afternoon: The Story of a Partnership. Edwin Lutyens and Gertrude Jekyll, London 1982.

Dies., The English Garden in our Time from Gertrude Jekyll to Geoffrey Jellicoe, Woodbridge 1986.

Sally Festing, Gertrude Jekyll, London 1991.

Gertrude Jekyll, Wood and Garden, London 1899.

Dies., Home and Garden, London 1900.

Dies, Wald und Garten. Praktische und kritische Anmerkungen und Gedanken eines arbeitenden Amateurs, mit 71 Illustrationen nach Photographien der Verfasserin, Leipzig 1906.

Dies., Children and Gardens, London 1908.

Dies., A Gardener's Testament. A Selection of Articles and Notes, hrsg. von Francis Jekyll und G. C. Taylor, London 1984.

Dies., Essays on the Life of a Working Amateur, hrsg. von Michael Tooley und Primerose Arnander, Witton-le-Wear 1995.

Mary Lutyens, Edwin Lutyens, London 1980.

Jane Ridley, The Architect and his Wife. A Life of Edwin Lutyens, London 2002.

Sarah Rutherford, The Arts and Crafts Garden, Oxford 2013.

Peter Sager, Südengland. Von Kent bis Cornwall: Architektur und Landschaft, Literatur und Geschichte, Köln 1997.
Ders., Englische Gartenlust. Von Cornwall bis Kew Gardens, Frankfurt a.M. und Leipzig 2006.
Judith B. Tankard und Martin Wood, Gertrude Jekyll at Munstead Wood, London 2015.
Pamela Todd, The Arts and Crafts Companion, London 2004.
Dies., William Morris and the Arts and Crafts Home, San Francisco 2005.
Twigs Way, Gertrude Jekyll, Oxford 2012.
Martin Wood (Hrsg.), The Unknown Gertrude Jekyll, London 2006.
https://www.exploringsurreyspast.org.uk/themes/subjects/womens-suffrage/suffrage-biographies/gertrude-jekyll-1843-1932/ (Abfrage 12.3.2021)

## *Literatur von und zu Vita Sackville-West*

Susanne Amrain, So geheim und so vertraut. Virginia Woolf und Vita Sackville-West, Frankfurt a.M. 1998.
Jane Brown, Vita's Other World. A Gardening Biography of Vita Sackville-West, London 1985.
Dies., Sissinghurst. Portrait of a Garden, mit einem Vorwort von Nigel Nicolson, London 1990.
David Cannadine, The Decline and Fall of the British Aristocracy, New Haven und London 1990.
Ders., Portrait of More Than a Marriage: Harold Nicolson and Vita Sackville-West, in: Aspects of Aristocracy, New Haven 1994, S. 210–242.
Matthew Dennison, Behind the Mask: The Life of Vita Sackville-West, New York 2015.

Louise A. DeSalvo, Lighting the Cave: The Relationship between Vita Sackville-West and Virginia Woolf, in: Signs, Bd. 8, Nr. 2, 1982, S. 195–214; www.jstor.org/stable/3173896 (Abfrage 5.2.2021).

Victoria Glendenning, Vita Sackville-West, Frankfurt a. M. 1990.

Cordula Hamann, Das englische Paradies. Frauen und ihre berühmten Gärten, Berlin 2004.

Renate Hücking, Süchtig nach Grün. Gärtnerinnen aus Leidenschaft, München 2009.

Tony Lord, Sissinghurst. Der schönste Garten Englands, Berlin 2014.

Adam Nicolson, Sissinghurst Castle Garden, hrsg. vom National Trust, Wilst 2008.

Nigel Nicolson, Portrait of a Marriage, London 1973.

Tim Richardson, Sissinghurst. Der Traumgarten, Hildesheim 2021.

Vita Sackville-West, Aus meinem Garten. Einfälle und Ratschläge, Frankfurt a. M. und Berlin 1995.

Dies., Meine Lieblingsblumen, Berlin 2016.

Dies., In der Ferne so nah. Briefwechsel einer ungewöhnlichen Liebe, hrsg. von Barbara von Becker, Hamburg 2012.

Dies., Sissinghurst. Portrait eines Gartens, hrsg. von Julia Bachstein, aus dem Englischen von Susanne Lange, Frankfurt a. M. 2017.

Vita Sackville-West und Harold Nicolson, Vita and Harold. The Letters of Vita Sackville-West and Harold Nicolson 1910–1962, hrsg. von Nigel Nicolson, London 1992.

Hilde Schmölzer, Frauenliebe. Berühmte weibliche Liebespaare der Geschichte, Wien 2009.

## *Literatur von und zu Constance Spry*


Martin Battersby, The Decorative Thirties, New York 1971.

Douglas Brenner und Stephen Scanniello, A Rose by Any Name, Chapel Hill 2009.

Shane Connolly, Constance Spry and the Fashion for Flowers, Garden Museum, London 2021.

Dorothy Cooke und Pamela MacNicol, A History of Flower Arranging, Oxford 1989.

Molly und Don Glentzer, Pink Ladies & Crimson Gents. Portraits and Legends of 50 Roses, New York 2008.

Harold Piercy, The Constance Spry Book of Flower Arranging, London 1983.

Sue Shephard, The Surprising Life of Constance Spry, London 2011.

Diana Souhami, Gluck 1895–1978. Her Biography, London 2013.

Constance Spry, A Garden Notebook, London 1940.

Dies., Come into the Garden, Cook, London 1942.

Dies., The Art of Arranging Flowers, mit einem Vorwort von Beverley Nichols, New York 1953.

# *Danksagung*

Es heißt, Wissen und Pflanzen mehrt man, indem man teilt. Wie dankbar bin ich, dass ich das Wissen derjenigen nutzen durfte, die geforscht und analysiert, gegraben und gepflanzt haben. Ohne diese Menschen hätte ich dieses Buch nicht schreiben können. Zugleich haben mich mir freundschaftlich verbundene Menschen unterstützt und ermutigt. Dafür danke ich herzlich Simone Frieling, Hanna Peyker, Kathrin Görlitz, Dr. Frauke Geyken, Ulf Hartmann und Zoran Horvat.

Mein besonderer Dank gilt der Lektorin Claudia Jürgens, die durch ihre kompetente und feinfühlige Arbeit zum Gelingen des Buches in großem Maß beigetragen hat. Herzlich danken möchte ich der Verlegerin Sascha Simon. Sie begegnete mir mit großer Offenheit und hat den Entstehungsprozess mit anregenden Gesprächen begleitet. Ich danke ihr so sehr, dass sie es mir ermöglicht, meine lange gehegte Begeisterung für diese drei Gartenkünstlerinnen mit anderen zu teilen.

Meiner Mutter Waltraut Ulrich danke ich von Herzen für ihre fürsorgliche Unterstützung und ihre nie nachlassende Bereitschaft, mit mir auf Gartenreise zu gehen. Last but not least gebührt großer Dank meiner Freundin, der Gärtnerin Maria Auer. Ganz im Geiste von Gertrude Jekyll ist sie eine wahre Gartenkünstlerin, die voller Leidenschaft mit Pflanzen malt. Seit unserer ersten Begegnung in einem Garten teilt sie ihr Wissen wie ihre Pflanzen mit mir. Sie hat mich gärtnerisch sehen gelehrt. Ihr widme ich dieses Buch.

## Zum Weiterlesen

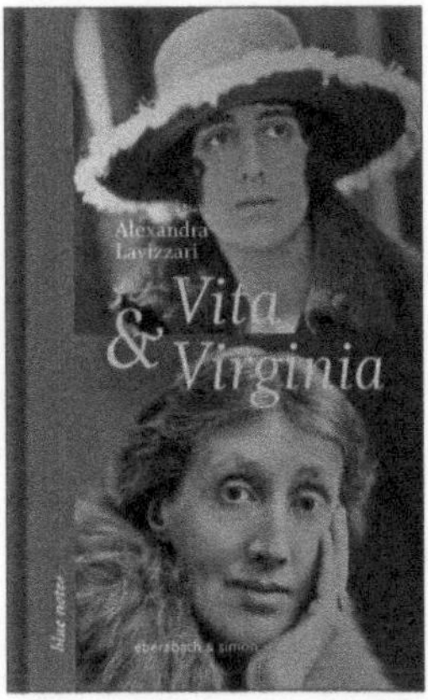


Alexandra Lavizzari

*Vita & Virgina*

*blue notes 100*, 144 Seiten
Abb., Halbleinen
Fadenheftung
ISBN 978-3-86915-259-2

Dezember 1922: Virginia Woolf und Vita Sackville-West treffen sich auf einer Dinner-Party in Bloomsbury – eine folgenschwere Begegnung und der Beginn einer leidenschaftlichen Liebe, die vielfältige Spuren in der Weltliteratur hinterlassen hat. Alexandra Lavizzari nähert sich dieser legendären Beziehung anhand von Virginia Woolfs meisterhaftem Roman »Orlando«, dem wohl längsten Liebesbrief der Literaturgeschichte.

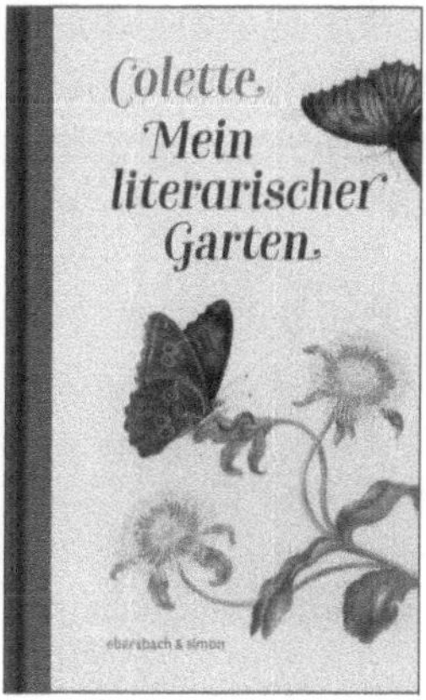


Colette

*Mein literarischer Garten*

128 Seiten, Halbleinen
Mit zahlreichen farbigen Abb.
ISBN 978-3-86915-211-0

Eine literarische Reise durch den Blumengarten und ein wahrer Blütenreigen mit Colette, die liebevoll ein buntes Bouquet für uns zusammengestellt hat: Von der Rose bis zur Ringelblume, vom Mohn bis zum Maiglöckchen, von der Kalla bis zur Kamelie lässt sie die floralen Schätze in poetischem Licht erscheinen. Eine Hommage der großen französischen Klassikerautorin an die Blütenpracht der Natur, die einmal mehr zeigt, was Blumenfans längst wissen: Das Glück wohnt im Garten!

*Bildnachweis*
© Album/British Library/Alamy Stock Foto: S. 32; Hannah Gluckstein, *Chromatic* 1932, Bridgeman Images © VG Bild-Kunst, Bonn 2022: S. 126; © Christo Sharpe/Alamy Stock Foto: S. 62; © Country Life Picture Library: S. 10; © Editha Weber: S. 77; VNS; © gettyimages/Maurice Ambler/Freier Fotograf: S. 120; © gettyimages/Paul Popper/Popperfoto/Kontributor: S. 99; The Houghton Library, Harvard: S. 72; © Interfoto/National Portrait Gallery: S. 54; © mauritius images/VTR/Alamy/Alamy Stock Fotos: S. 43; © PA Images/Alamy Stock Foto: S. 133; © picture alliance/Mary Evans Picture Library: S. 27; © picture alliance/Photoshot: S. 86; © RHS Lindley Collections: S. 112; © Victor Watts/Alamy Stock Foto: S. 6.

1. Auflage 2022


Lektorat: Claudia Jürgens, Berlin
Umschlaggestaltung: Lisa Neuhalfen, moretypes, Berlin
Covermotiv: ullstein bild – Heritage Images/
Historica Graphica Collection
Satz: Birgit Cirksena · Satzfein, Berlin
Druck und Bindung: GGP Media GmbH, Pößneck
ISBN 978-3-86915-256-1
www.ebersbach-simon.de

Gedruckt auf Papier aus nachhaltiger Forstwirtschaft
Printed in Germany